Viva bem agora

LOUISE L. HAY

Viva bem agora

Tradução
Evelyn Kay Massaro

Revisão Técnica
Jaqueline Salles

5ª edição

BestSeller

RIO DE JANEIRO | 2022

CIP-BRASIL. CATALOGAÇÃO-NA-FONTE
SINDICATO NACIONAL DOS EDITORES DE LIVROS, RJ

Hay, Louise L., 1926-

H328v   Viva bem agora / Louise Hay; tradução: Evelyn Kay
5ª ed.   Massaro. – 5ª ed. – Rio de Janeiro: Best*Seller*, 2022.

Tradução de: Experience Your Good Now!
ISBN 978-85-7684-506-5

1. Afirmações. 2. Inspiração. 3. Mudança (Psicologia). I. Título.

12-3015.

CDD: 158.1
CDU: 159.947

Texto revisado segundo o novo Acordo Ortográfico da Língua Portuguesa.

Título original norte-americano
EXPERIENCE YOUR GOOD NOW
Copyright © 2010 by Louise L. Hay
Copyright da tradução © 2012 by Editora Best Seller Ltda.

Publicado originalmente em inglês em 2010 pela Hay House, Inc.,
California, USA.

Capa: Sérgio Campante
Editoração eletrônica: Abreu's System

Direitos exclusivos de publicação em língua portuguesa para o Brasil
adquiridos pela
EDITORA BEST SELLER LTDA.
Rua Argentina, 171, parte, São Cristóvão
Rio de Janeiro, RJ – 20921-380
que se reserva a propriedade literária desta tradução

Impresso no Brasil

ISBN 978-85-7684-506-5

Seja um leitor preferencial Record.
Cadastre-se e receba informações sobre nossos lançamentos e nossas
promoções.

Atendimento e venda direta ao leitor:
sac@record.com.br

Sumário

Capítulo 1:   Introdução   7

Capítulo 2:   O que são afirmações?   9

Capítulo 3:   Afirmações para a saúde   17

Capítulo 4:   Afirmações para sentimentos de medo   26

Capítulo 5:   Afirmações para o pensamento crítico   39

Capítulo 6:   Afirmações para vícios   54

Capítulo 7:   Afirmações para o perdão   64

Capítulo 8:   Afirmações para o trabalho   75

Capítulo 9:   Afirmações para dinheiro e prosperidade   85

Capítulo 10: Afirmações para amizade   95

Capítulo 11: Afirmações para amor e intimidade   105

Capítulo 12: Afirmações para o envelhecimento   114

Algumas reflexões finais   124

"As afirmações são como plantar sementes.
Primeiro germinam, depois criam raízes
e finalmente florescem.
É preciso tempo para uma semente se tornar uma
planta adulta. O mesmo acontece com as afirmações
– um bom tempo se passa entre a primeira
afirmação e a manifestação final.
Seja paciente."

— Louise L. Hay

CAPÍTULO 1

Introdução

Bem-vindo ao mundo das afirmações. Se escolher usar as ferramentas apresentadas neste livro, você estará tomando uma decisão consciente de curar sua vida e avançar no caminho das mudanças positivas. A hora de fazer essas mudanças positivas é agora! Não existe melhor ocasião como o presente para assumir o controle dos seus pensamentos. Junte-se ao incontável número de pessoas que mudaram sua vida para melhor praticando o que ensino nestas páginas.

Fazer afirmações não é trabalhoso. Ao contrário, você estará atraindo uma experiência de grande alegria à medida que for se livrando dos velhos fardos negativos e devolvendo-os para o nada, de onde vieram.

Acreditar que existe algo de negativo em nossa personalidade ou em nossa vida não significa que isso seja verdade. Durante a infância, ouvimos muitas afirmações negativas sobre nós e nosso futuro, e aceitamos essas ideias como se fossem verdade. A partir de agora, examinaremos as coisas em que cremos ainda hoje e precisaremos escolher entre continuar acreditando nelas porque tornam nossa vida alegre e gratificante, ou nos livrarmos delas. Gosto de imaginar que estou soltando velhas crenças e atirando-as num rio e vendo-as flutuar na correnteza até se dissolverem e desaparecerem para nunca mais voltar.

Entre no meu jardim da vida e plante pensamentos e ideias novas, belas e nutritivas. A vida ama você e deseja lhe dar o que tem de melhor. Ela quer que você tenha paz de espírito, satisfação interior, alegria, confiança e abundância de amor por você mesmo. Sim, você merece se sentir à vontade diante de outras pessoas em qualquer ocasião e ganhar um bom dinheiro para seu sustento. Portanto, deixe-me ajudá-lo a plantar novas ideias no seu jardim. Comece a alimentá-las, a cuidar bem delas, e veja-as crescerem e tornarem-se plantas viçosas cujo resultado serão belas flores e deliciosos frutos que, por sua vez, irão alimentá-lo e nutri-lo durante toda a sua vida.

CAPÍTULO 2

O que são afirmações?

Para aqueles que não entendem muito bem quando falo de afirmações e nunca trabalharam com elas, gostaria de dar uma breve explicação sobre o que são e como funcionam. Em termos bem simples, uma afirmação é qualquer coisa que você diz ou pensa. Grande parte do que as pessoas pensam e falam é de cunho negativo, o que não cria boas experiências. Para ter o melhor em sua vida, para curá-la, é preciso treinar sua mente para pensar e falar padrões positivos.

Uma afirmação abre portas. Ela é o passo inicial no caminho para a mudança. Em suma, você está dizendo à sua mente subconsciente: *"Daqui em diante estou assumindo a responsabilidade. Tenho consciência de que há algo que posso fazer para criar uma mudança."* Quando falo em *fazer afirmações*, estou querendo dizer que é preciso escolher cuidadosamente palavras que o ajudarão a *eliminar* alguma coisa da sua vida e *criar* algo de novo na sua existência.

Cada pensamento que você tem e cada palavra que diz é uma afirmação. A conversa que tem consigo mesmo, seu diálogo interno, é uma torrente de afirmações. Você está constantemente usando afirmações em todos os momentos de sua vida, quer tenha ou não consciência disso. Está afirmando e criando suas experiências de vida com cada pensamento que tem e palavra que profere.

Suas crenças são apenas os modelos de pensamento habituais que você aprendeu quando criança. Muitas delas funcionam bem. Outras podem estar limitando sua capacidade de criar as coisas que mais deseja. Pode haver muita diferença entre o que você deseja e o que acredita merecer. É necessário prestar atenção aos pensamentos para começar a eliminar aqueles que criam experiências *não desejadas* em sua vida.

Perceba que todas as queixas são afirmações de algo que você não quer em sua vida. Sempre que você fica com raiva está afirmando que deseja mais raiva em sua vida. Sempre que pensa que é uma vítima está afirmando que quer *continuar* a ser vítima. Se você acredita que a Vida não está lhe dando o que tanto deseja, certamente não receberá as coisas boas que ela concede aos outros. Para solucionar esse impasse, terá que modificar o modo como pensa e fala.

Entenda que você não é uma má pessoa por pensar de um modo ou de outro. Você apenas nunca aprendeu *como* pensar e falar. Pessoas do mundo inteiro estão começando a entender que pensamentos criam experiências. Seus pais provavelmente não sabiam disso e não tinham como ensiná-lo. Eles apenas o ensinaram a encarar a vida do modo como aprenderam com seus próprios pais. Portanto, ninguém está *errado*. No entanto, chegou a hora de acordar e começar a criar conscientemente a sua vida para que ela lhe traga prazer e realização. *Você* pode! *Eu* posso! *Todos nós* podemos! Só precisamos aprender como agir. Então, ao trabalho!

Ao longo deste livro falarei sobre tópicos e preocupações específicos (saúde, medos, pensamento crítico, vícios, perdão, trabalho, dinheiro e prosperidade, amigos, amor e intimidade, e velhice) e lhe darei exercícios que mostrarão como fazer mudanças positivas nessas áreas.

Algumas pessoas costumam dizer que "afirmações não funcionam" (o que já é uma afirmação) quando, de fato, querem dizer que não sabem como usá-las em seu favor. Podem dizer, por exemplo: *"Minha prosperidade está aumentando"* e pensar *"Oh, que besteira, sei que não vai dar certo."* Qual afirmação será mais forte? A negativa, claro, porque faz parte de um modo habitual e duradouro de encarar a vida. Há pessoas que fazem afirmações uma vez por dia e passam o resto do tempo se queixando. Quando são feitas dessa maneira, as afirmações levarão muito tempo para se concretizar. As afirmações de queixa sempre vencerão porque são muito mais numerosas e em geral são faladas com grande emoção.

No entanto, *dizer* afirmações é só uma parte do processo. O que você faz no resto do dia é ainda mais importante. O segredo de fazer suas afirmações se concretizarem e perdurarem é preparar um ambiente adequado para elas crescerem. Afirmações são como sementes plantadas na terra. Solo ruim, crescimento ruim. Solo fértil, crescimento abundante. Quanto mais você escolher pensamentos que lhe tragam o bem, mais rápidos serão os resultados das afirmações positivas.

Portanto, tenha pensamentos felizes. É possível. O que você escolhe pensar – agora – é somente isso, uma escolha. Talvez você não tenha consciência disso porque não formou esse hábito, mas tenha certeza de que é uma escolha.

Agora... hoje... neste instante... Você pode escolher modificar seu modo de pensar. Sua vida não vai mudar de um dia para o outro, mas se você for perseverante e escolher ter pensamentos agradáveis diariamente, sem dúvida fará mudanças positivas em todas as áreas de sua vida.

Criando afirmações

Fazer afirmações é escolher conscientemente certos pensamentos que manifestarão resultados positivos no futuro. Eles criam um ponto focal que lhe permitirá começar a modificar seu modo de pensar. Declarações afirmativas *vão além da realidade do presente e geram um futuro moldado de acordo com as palavras usadas no agora.*

Quando você escolhe dizer "*Eu sou muito próspero*", talvez tenha pouco dinheiro no banco, mas está plantando as sementes de uma futura prosperidade. Sempre que repetir essa afirmação estará cuidando das sementes que plantou no clima da sua mente. É por isso que se faz necessário criar um clima alegre e feliz. Tudo cresce mais rapidamente num solo fértil e rico.

É importante sempre fazer as afirmações no presente. Por exemplo, boas afirmações devem começar com: "*Eu tenho...*" Ou "*Eu sou...*" Se você disser: "Eu vou ter..." ou "Eu estou querendo...", seu pensamento permanecerá num futuro distante. O Universo aceita seus pensamentos e palavras ao pé da letra e lhe dá o que você disse querer. *Sempre.* Há um outro motivo para manter um clima mental alegre e feliz. É mais fácil pensar em afirmações positivas quando você está se sentido bem.

Preste atenção: cada pensamento seu tem valor, portanto não os desperdice. Cada pensamento positivo traz o bem para a sua vida. Cada pensamento negativo afasta o que você almeja. Quantas vezes você estava para conseguir algo muito bom e, de repente, nada deu certo? Se conseguir lembrar qual era sua atmosfera mental naquela época, encontrará a resposta. Um excesso de pensamentos negativos cria uma barreira contra as afirmações positivas.

Se você disser, "Eu não quero mais estar doente", não está fazendo uma afirmação positiva. Você tem que declarar claramente o que deseja: *"Eu aceito a saúde perfeita agora mesmo."* Falar "Eu odeio este carro" não lhe trará um carro novo porque você não está sendo claro. Mesmo que venha a conseguir um novo automóvel, irá odiá-lo em pouco tempo, porque isso é o que esteve afirmando. Se quiser ter um carro novo, diga algo como: *"Tenho um carro novo e muito bom que atende todas as minhas necessidades".*

Tenho certeza de que muitas vezes você ouviu alguém dizer: "A vida é uma droga!" (uma afirmação terrível.) Será que pode imaginar o que essa declaração atrairá? Naturalmente, não é a vida que é uma droga. O *modo de pensar* é que é uma droga. Um pensamento como esse só servirá para que você se sinta cada vez pior. E quando você se sente mal, nada de bom consegue entrar em sua vida.

Não perca tempo discutindo suas limitações: maus relacionamentos, problemas profissionais, doenças, pobreza etc. Quanto mais falar sobre o que está errado, mais você está ancorando-o no lugar. Não acuse outras pessoas pelo que há de ruim em sua vida – outro desperdício de tempo. Lembre-se sempre de que você vive sob as leis de sua própria consciência, dos seus próprios pensamentos e que atrai experiências específicas em sua vida de acordo com seu modo de pensar.

Agora, tratemos de alguns temas específicos.

Nota da autora: Os exercícios apresentados nos capítulos seguintes não devem ser marcados no livro. Tenha à mão um bloco de papel ou um caderno para copiá-los enquanto for avançando.

CAPÍTULO 3

Afirmações para a saúde

"Eu restauro meu corpo e o mantenho em ótima saúde."

Lista para verificação

Marque os itens que acredita serem aplicáveis a você. No final do capítulo, você será capaz de contrariar esses pensamentos negativos com afirmações positivas.

- ❑ Tenho três resfriados por ano.
- ❑ Meu nível de energia é baixo.
- ❑ Demoro muito para ficar curado.
- ❑ Minhas alergias vivem me incomodando.
- ❑ Doenças cardíacas são comuns em minha família.

- [ ] Estou sempre doente.
- [ ] Vivo com dor nas costas.
- [ ] Acho que minhas dores de cabeça nunca vão passar.
- [ ] Estou sempre com o intestino preso.
- [ ] Meus pés doem.
- [ ] Estou sempre me machucando.

Deve ficar muito claro que por mais que você maltrate seu corpo ele está *sempre* tentando manter um estado ótimo de saúde. Se tratar bem do seu corpo, ele o recompensará com uma excelente saúde e um ótimo grau de energia.

Acredito que contribuímos com todas as "enfermidades" que afligem nosso corpo. Ele, como tudo em nossa vida, é um espelho das nossas crenças e pensamentos. Nosso corpo está sempre falando conosco, mas precisamos encontrar tempo para escutá-lo. Lembre-se de que cada célula do corpo reage aos pensamentos que temos.

Quando descobrimos o padrão mental que está por trás de uma doença, temos a possibilidade de modificá-lo e, com isso, de eliminar a doença. É claro que a maioria das pessoas não quer adoecer de maneira consciente, mas cada enfermidade que enfrentamos é uma lição. A doença é o modo do corpo nos dizer que existe uma falsa crença em nossa consciência. É algo em que estamos acreditando, que estamos dizendo, fazendo ou pensando que não é para o nosso mais alto bem. Eu gosto de imaginar o corpo me puxando e dizendo: "Por favor, preste atenção em mim!"

Às vezes as pessoas *realmente* querem ficar doentes. O problema está na nossa sociedade, que fez da doença um meio legítimo de evitar responsabilidades ou situações desagradáveis. Se não aprendemos a dizer não, talvez tenhamos que inventar uma doença para dizer não por nós.

Há alguns anos li um interessante relatório, afirmando que apenas 30% dos pacientes seguem as instruções dos seus médicos. Segundo o Dr. John Harrison, autor do fascinante livro *Love Your Disease* [Ame sua doença], muitas pessoas procuram médicos só para obter alívio dos sintomas agudos – para conseguirem *tolerar* sua enfermidade. É como se houvesse um acordo não escrito, subconsciente, entre o médico e o paciente: o médico concorda em não curar o paciente se este fingir que está fazendo alguma coisa pela sua doença. Também, nesse acordo, uma pessoa precisa pagar e a outra se torna uma figura de autoridade. Assim, ambas as partes ficam satisfeitas.

A verdadeira cura envolve corpo, mente e espírito. Creio que se "curamos" uma doença sem cuidar dos elementos emocionais e espirituais que a cercam, ela voltará a se manifestar.

EXERCÍCIO: Liberte-se dos seus problemas de saúde

Você está disposto a se livrar da necessidade que contribuiu para os seus problemas de saúde? Novamente, quando você tem uma doença que deseja mudar, a primeira coisa a fazer é dizer bem claro: *"Estou disposto a me livrar da necessidade interior que criou esta doença."* Diga mais uma vez. Repita olhando para um espelho. Diga sempre que pensar em sua doença. É o primeiro passo para criar uma mudança. Agora, faça o seguinte:

1. Faça uma lista com todas as doenças de sua mãe.
2. Faça uma lista com todas as doenças do seu pai.
3. Faça uma lista com todas as *suas* doenças.
4. Está vendo alguma conexão entre elas?

EXERCÍCIO: Saúde e doença

Examinemos algumas de suas crenças sobre saúde e enfermidade. Responda as perguntas que se seguem, sendo o mais aberto e sincero possível.

1. O que você lembra sobre suas doenças na infância?

2. O que aprendeu sobre doenças com seu pai e sua mãe?
3. Havia algum tipo de vantagem quando você ficava doente em sua infância?
4. Ainda existe uma crença sobre doença aprendida na infância que influencia sua vida atualmente?
5. Como você contribuiu para seu atual estado de saúde?
6. Você gostaria de ter uma mudança na sua saúde? De que forma?

EXERCÍCIO: Suas crenças sobre saúde

Complete as seguintes declarações com a maior sinceridade possível.
1. O modo que uso para ficar doente é...
2. Fico doente quando tento evitar...
3. Quando fico doente, sempre quero...
4. Na infância, quando eu ficava doente, minha mãe sempre...
5. Quando adoeço, meu maior medo é...

EXERCÍCIO: O poder das afirmações

Vamos descobrir o poder das afirmações escritas! Quando escrevemos uma afirmação, intensificamos seu poder. Escreva 25 vezes uma afirmação positiva sobre sua saúde. Você pode criar sua afirmação ou usar uma das seguintes:

Minha cura já está em progresso.
Ouço com amor as mensagens do meu corpo.
Agora, minha saúde é radiante, vibrante e dinâmica.
Sou grato por minha saúde perfeita.
Eu mereço uma boa saúde.

EXERCÍCIO: Autovalorização

Agora vamos examinar a questão da autovalorização no que diz respeito à sua saúde. Responda as seguintes perguntas e se alguma delas for negativa, crie uma afirmação positiva para contrariá-la.

1. Eu mereço ter boa saúde?
   Exemplo de resposta: *Não. Doença é algo comum na minha família.*
   Exemplo de afirmação: *Eu aceito e mereço a perfeita saúde agora mesmo.*

2. O que mais me assusta no que diz respeito à minha saúde?

   Exemplo de resposta: *Tenho medo de ficar doente e morrer.*

   Exemplo de afirmação: *É seguro estar saudável agora. Sou sempre amado.*

3. Que "vantagem" estou conseguindo com essa crença?

   Exemplo de resposta: *Não tenho que trabalhar e assumir responsabilidades.*

   Exemplo de afirmação: *Sou confiante e seguro. A vida é fácil para mim.*

4. O que imagino que me acontecerá de mal se eu me livrar dessa crença?

   Exemplo de resposta: *Eu terei que crescer.*

   Exemplo de afirmação: *É seguro para mim ser adulto.*

As afirmações na lista de verificação no início deste capítulo estão repetidas abaixo, cada uma com sua afirmação correspondente. Torne essas afirmações parte de sua vida. Repita-as frequentemente em casa, no trabalho, olhando para o espelho, ou a qualquer momento em que sentir as crenças negativas querendo emergir.

Tenho três resfriados por ano.
Estou sempre seguro. O amor me cerca e me protege.

Meu nível de energia é baixo.
Estou sempre cheio de energia e entusiasmo.

Demoro muito para ficar curado.
Meu corpo sara rapidamente.

Minhas alergias vivem me incomodando.
Meu mundo é seguro. Eu estou em segurança. Estou em paz com tudo o que há na Vida.

Doenças cardíacas são comuns na minha família.
Eu não sou os meus pais. Sou saudável, completo e cheio de alegria.

Estou sempre doente.
A boa saúde agora é minha. Eu deixo o passado sair da minha vida.

Vivo com dor nas costas.
A vida me ama e me apoia. Estou em segurança.

Acho que minhas dores de cabeça nunca vão passar.
Eu não me critico como antes. Minha mente está em paz. Tudo está bem.

Estou sempre com o intestino preso.
Eu deixo a vida fluir em mim.

Meus pés doem.
Estou disposto a avançar na vida com facilidade.

Estou sempre me machucando.
Sou gentil com meu corpo. Eu me amo.

"Eu me dou permissão para estar sempre bem."

Tratamento de saúde

Eu sou alguém com o poder da Vida. Tudo o que existe na Vida me ama e me apoia. Por isso, eu exijo uma saúde perfeita e vibrante o tempo todo. Meu corpo sabe como ser saudável, e eu coopero com ele ingerindo alimentos e bebidas nutritivas, e fazendo os exercícios físicos que me agradam. Meu corpo me ama e eu também o amo, por isso cuido dele com muito carinho. Não sou como meus pais, eu escolho, e me recuso a recriar as doenças que eles tiveram. Eu sou único; sigo pela vida de forma saudável, feliz e plena. Esta é a verdade e eu a aceito. E assim é. Tudo está bem em meu corpo.

CAPÍTULO 4

Afirmações para sentimentos de medo

"Medos são apenas pensamentos e pensamentos podem ser afastados."

Lista de verificação para emoções de medo

Leia os itens abaixo e marque os que acredita serem aplicáveis a você. No final do capítulo, você será capaz de contrariar esses pensamentos negativos com afirmações positivas.

- ❏ Estou sempre ansioso.
- ❏ Nada dá certo para mim.
- ❏ Envelhecer me assusta.
- ❏ Tenho medo de voar de avião.
- ❏ As pessoas me assustam.

- ❏ E se eu me tornar um sem-teto?
- ❏ Tenho dificuldade em expressar meus sentimentos.
- ❏ Meu temperamento está fora de controle.
- ❏ Não consigo me concentrar em nada.
- ❏ Todos estão contra mim.
- ❏ Sinto que sou um fracasso.
- ❏ E se eu tiver que sofrer muito antes de morrer?
- ❏ Tenho medo de ficar sozinho na vida.

Em qualquer situação, acredito que temos uma escolha entre o amor e o medo. Todos nós sentimos medo da mudança, medo de não mudar, medo do futuro e medo de arriscar. Tememos a intimidade e tememos viver sozinhos. Tememos revelar aos outros quem somos e do que precisamos, e tememos deixar o passado para trás.

No outro extremo do espectro, temos o amor. O amor é o milagre que todos procuramos. Amar a nós mesmos faz milagres em nossa vida. Não estou falando de vaidade ou arrogância, porque isso não é amor. Isso é medo. Estou falando em ter grande respeito por nós mesmos e gratidão pelo milagre do nosso corpo e da nossa mente.

Lembre-se de que estar temeroso ou assustado é sinal de que você não está amando e confiando em si mesmo. Não se sentir "bom o bastante" interfere no processo de tomada de decisões. Como alguém pode tomar uma boa decisão quando não confia em si mesmo?

Susan Jeffers, no seu maravilhoso livro *Feel the Fear and Do It Anyway*, [Sinta o medo, mas vá em frente], afirma que "se todos nós sentimos medo quando vamos começar algo totalmente novo, e, no entanto, muitos estão conseguindo ser bem-sucedidos apesar do medo, podemos concluir que *o medo em si não é o problema*". Ela acrescenta que a verdadeira questão não é o medo, mas o modo como nos *prendemos* ao medo. Podemos nos aproximar dele a partir de uma posição de poder ou de uma posição de impotência. O fato de sentir o medo se torna irrelevante.

É comum só *pensarmos* no que acreditamos ser o problema e bem mais tarde descobrirmos qual é o *real* problema. São as sensações de não ser "bom o bastante" e a falta de amor-próprio que constituem o verdadeiro problema.

Os problemas emocionais estão entre os mais dolorosos. É comum sentirmos raiva, tristeza, solidão, culpa, ansiedade ou medo. Entretanto, quando essas sensações assumem o controle e se tornam predominantes, nossa vida pode se transformar em um campo de batalha emocional.

O importante é o que *fazemos* com esses sentimentos. Vamos agir sempre da mesma maneira? Vamos punir os outros ou obrigá-los a fazer o que queremos? Vamos de alguma maneira maltratar a nós mesmos?

A crença de que não somos *bons o bastante* frequentemente está na raiz desses problemas. A boa saúde mental começa pelo *amor-próprio*. Só quando amamos a nós mesmos e aprovamos *completamente* nosso modo de ser – tanto os aspectos bons quanto os chamados maus – podemos dar início a uma mudança.

Parte da autoaceitação é nos livrarmos das opiniões dos outros. Muitas das coisas em que escolhemos acreditar não têm nenhuma base na verdade.

Por exemplo, um rapaz chamado Eric foi meu cliente há alguns anos, quando eu dava consultas particulares. Ele era bonito e elegante, e ganhava muito bem trabalhando como modelo. No entanto, tinha uma imensa dificuldade de frequentar a academia porque se achava feio.

Durante o tratamento, Eric se lembrou de um valentão que morava perto de sua casa quando ele era criança e insistia em chamá-lo de "feioso". Esse menino implicava com ele e o ameaçava quando o encontrava sozinho na rua. Para fugir dele e se proteger, Eric começou a se fechar. Dessa forma, Eric aceitou a ideia de que era feio e desajeitado. Em sua mente, ele não *era* feio.

Através dos exercícios de amor-próprio e afirmações positivas, Eric melhorou muito. Sua ansiedade às vezes volta, mas agora ele tem as ferramentas mentais com que trabalhar e esses sentimentos de inadequação logo desaparecem.

Lembre-se de que os sentimentos de inadequação começam com os pensamentos negativos que temos sobre nós mesmos. No entanto, esses pensamentos não exercem poder sobre nós se não os levarmos em consideração. Pensamentos nada mais são do que palavras enfileiradas. Eles *não têm nenhum significado*. Somos *nós* que lhes damos significado, e o fazemos focalizando sem cessar nas mensagens negativas que estão em nossa mente. Acreditamos no pior sobre nós mesmos e somos *nós* que escolhemos que *tipo* de significado lhes damos.

Somos perfeitos, belos e vivemos em constante mudança. Estamos sempre fazendo o melhor possível com o conhecimento, compreensão e percepção que possuímos. À medida que formos progredindo espiritualmente e fazendo as mudanças necessárias, nosso "melhor" ficará cada vez mais evidente.

EXERCÍCIO: Deixar ir

Enquanto lê este exercício, respire profundamente e, ao expirar, deixe a tensão sair do seu corpo. Relaxe seu couro cabeludo, sua testa e seu rosto. Não é necessário contrair os músculos da parte superior do seu corpo para ler. Relaxe a língua, pescoço, garganta e ombros. Afrouxe os músculos das costas, abdome e pelve. Mantenha a respiração calma e constante enquanto vai relaxando até chegar às pernas e pés.

Você percebeu alguma mudança no seu corpo desde que começou a ler o parágrafo anterior? Nessa posição relaxada e confortável, diga a você mesmo: *Estou disposto a me livrar. Eu liberto. Eu deixo ir. Eu libero toda a tensão. Eu libero todo o medo. Eu libero toda a raiva. Eu libero toda a culpa. Eu libero toda a tristeza. Eu me libero de todas as limitações antigas. Eu deixo ir e fico em paz. Estou em paz comigo mesmo. Estou em paz com o processo da vida. Estou seguro.*

Repita esse exercício duas ou três vezes. Posteriormente, repita sempre que surgirem pensamentos sobre dificuldades. É preciso um pouco de prática para você ficar à vontade com ele. Quando se acostumar com o exercício, poderá relaxar em qualquer lugar e em qualquer ocasião. Será capaz de relaxar completamente em qualquer situação.

EXERCÍCIO: Medos e afirmações

Depois de cada categoria listada abaixo, escreva qual é seu maior medo. Então, pense numa afirmação positiva que faça correspondência a ele.

1. **Carreira**
   Exemplo de medo: *Tenho medo de ninguém perceber o meu valor.*
   Exemplo de afirmação: *No lugar onde trabalho, todos me valorizam.*

2. **Situações de moradia**
   Exemplo de medo: *Nunca terei uma casa própria.*
   Exemplo de afirmação: *Existe uma casa perfeita para mim e aceito-a agora.*

3. **Relações familiares**
   Exemplo de medo: *Meus pais nunca me aceitarão como sou.*
   Exemplo de afirmação: *Aceito meus pais e eles, por sua vez, me aceitam e me amam.*

4. **Dinheiro**
   Exemplo de medo: *Tenho medo de ficar pobre.*

Exemplo de afirmação: *Tenho certeza de que todas as minhas necessidades serão atendidas.*

5. **Aparência física**
   Exemplo de medo: *Sou gorda e nada atraente.*
   Exemplo de afirmação: *Estou livre da necessidade de criticar o meu corpo.*

6. **Sexo**
   Exemplo de medo: *Tenho medo de ter que provar a minha performance.*
   Exemplo de afirmação: *Estou sempre relaxado e à vontade, e passo pela vida com facilidade e sem esforço.*

7. **Saúde**
   Exemplo de medo: *Tenho medo de adoecer e não ser capaz de cuidar de mim mesmo.*
   Exemplo de afirmação: *Sempre atraio todo o tipo de ajuda de que preciso.*

8. **Relacionamentos**
   Exemplo de medo: *Não acredito que um dia encontrarei quem me ame.*
   Exemplo de afirmação: *O amor e a aceitação fazem parte da minha vida. Eu me amo.*

9. **Envelhecimento**
   Exemplo de medo: *Tenho medo de envelhecer.*
   Exemplo de afirmação: *Todas as idades têm suas infinitas possibilidades.*

10. **Morte**
    Exemplo de medo: *E se não houver vida após a morte?*
    Exemplo de afirmação: *Confio no processo da vida. Estou numa perene jornada pela eternidade.*

EXERCÍCIO: Afirmações positivas

Escolha a área de medo mais aflitiva listada acima. Visualize uma cena mental em que você esteja passando pelo medo, mas tendo um resultado positivo. Veja-se livre e solto e completamente em paz.

Agora escreva uma afirmação positiva 25 vezes. Lembre-se do poder ao qual está tendo acesso!

EXERCÍCIO: Divirta-se com sua criança interior

Quando você se encontra num estado de ansiedade ou medo que o impede de funcionar direito, talvez seja sinal de que abandonou sua criança interior. Pense em uma maneira de se reconectar com ela. O que poderia fazer para se divertir? O que poderia fazer de agradável *somente para você*?

Faça uma lista de 15 maneiras de se divertir com sua criança interior. Você gosta de ler? Gosta de ir ao cinema, cuidar de plantas, fazer um diário, tomar banho de espuma? E atividades mais infantis? Pare e pense. Você pode correr na praia, ir a um parquinho e subir no balanço, fazer desenhos com giz de cera ou subir numa árvore. Terminada a lista, escolha pelo menos uma dessas atividades por dia. Deixe a cura começar!

Olhe para tudo que você descobriu! Continue, você pode criar muito divertimento para você e para sua criança interior! Sinta a relação entre os dois ser curada.

As afirmações da lista de verificação no início do capítulo são repetidas abaixo, junto com a afirmação que corresponde a cada crença. Fale as afirmações adequadas para seu caso e faça delas um hábito diário. Repita-as no carro, no trabalho, olhando para o espelho ou a qualquer instante que sentir suas crenças negativas emergindo.

Estou sempre ansioso.
Eu estou em paz.

Nada dá certo para mim.
Minhas decisões são sempre perfeitas para mim.

Envelhecer me assusta.
Estou na idade perfeita e usufruo de cada momento.

Tenho medo de voar de avião.
Eu me centro na segurança e aceito a perfeição na minha vida.

As pessoas me assustam.
Sou amado e me sinto seguro em qualquer lugar.

E se eu me tornar um sem-teto?
O Universo é meu lar.

Tenho dificuldade em expressar meus sentimentos.
É seguro falar dos meus sentimentos.

Meu temperamento está fora de controle.
Estou em paz comigo e com minha vida.

Não consigo me concentrar em nada.
Minha visão interior é nítida e clara.

Todos estão contra mim.
Sou uma pessoa digna de amor e todos me apreciam.

Sinto que sou um fracasso.
Minha vida é um sucesso.

E se eu tiver que sofrer muito antes de morrer?
Morro em paz e com conforto na hora certa.

Tenho medo de ficar sozinho na vida.
Eu expresso amor e sempre atraio amor nos lugares aonde vou.

"Eu me dou permissão para estar em paz."

Tratamento para se sentir bem

Eu sou uno com o poder da Vida. Tudo o que existe na Vida me ama e me apoia. Por isso, exijo para mim o bem-estar emocional o tempo todo. Sou meu melhor amigo e gosto de viver comigo mesmo. As experiências vêm e vão, as pessoas vêm e vão, mas estou sempre aqui, cuidando de mim. Não sou como meus pais e não sigo seus modelos de infelicidade emocional. Escolho ter apenas pensamentos de paz, alegria e entusiasmo. Sou um ser único e caminho pela vida de modo a ter uma vida confortável, alegre e entusiasmante. Esta é a verdade do meu ser e eu a aceito de braços abertos. Tudo está bem no meu coração e na minha mente.

CAPÍTULO 5

Afirmações para o pensamento crítico

"Aceito todas minhas emoções, mas escolho não me atolar nelas."

Lista de verificação de pensamento crítico

Marque as declarações abaixo que acredita serem aplicáveis a você. No final do capítulo, você será capaz de contrariar esses pensamentos negativos com afirmações positivas.

- ❏ As pessoas são estúpidas.
- ❏ Eu faria isso se não fosse tão gordo.
- ❏ Nunca vi roupas tão feias.
- ❏ Eles nunca conseguirão terminar esse trabalho.
- ❏ Sou desastrado.

- Se eu ficar com raiva, perderei o controle.
- Não tenho direito de ficar com raiva.
- A raiva é ruim.
- Eu me assusto quando vejo alguém com raiva.
- Não é seguro ter raiva.
- Se eu ficar bravo não serei amado.
- Fico doente quando tenho que engolir minha raiva.
- Nunca senti raiva.
- Meus vizinhos são muito barulhentos.
- Ninguém me pergunta o que eu penso.

Seu diálogo interior é assim? Sua voz interior está sempre implicando com você? Está vendo o mundo com olhos críticos? Você está sempre julgando a si mesmo e os outros? Você é pretensioso?

A maioria de nós tem uma forte tendência a criticar e julgar e esse hábito é difícil de quebrar. Por isso é muito importante começar a trabalhar nessa questão o mais rapidamente possível. Nunca seremos capazes de realmente amar a nós mesmos se não nos livrarmos da necessidade de encontrar defeitos na vida.

Na sua mais tenra infância, você era totalmente aberto para a vida. Olhava o mundo com encantamento. Você aceitava tudo o que a vida trazia, a não ser que algo lhe causasse medo ou se alguém o maltratasse.

Mais tarde, quando estava crescendo, começou a ouvir as opiniões dos outros e fazê-las suas.

Você aprendeu a criticar.

EXERCÍCIO: Livrando-se do pensamento crítico

Vamos analisar algumas das suas crenças sobre pensamento crítico. Responda as perguntas seguintes, sendo o mais claro e sincero possível.

1. Qual era o modelo de crítica que sua família usava?
2. O que aprendeu sobre crítica com sua mãe?
3. O que ela criticava?
4. Ela o criticava? Por quê?
5. Quando seu pai julgava os outros?
6. Ele julgava a si próprio?
7. Como seu pai o julgava?
8. Criticar uns aos outros era um modelo familiar? Se for esse o caso, como e quando seus familiares agiam dessa maneira?
9. Quando foi a primeira vez que você se lembra de ter sido criticado?
10. Como sua família julgava seus vizinhos?

Agora responda as seguintes perguntas:

- ❑ Você teve professores amáveis, que o apoiavam e estimulavam nos estudos? Ou eles sempre estavam lhe dizendo o que faltava em você? Que tipo de coisas eles lhe *diziam*?
- ❑ Você começa a enxergar onde poderia ter interiorizado um modelo de crítica? Qual foi a pessoa mais crítica da sua infância?

Acredito que o hábito de criticar encolhe nosso espírito. Ele somente reforça a crença de que "não somos bons o bastante". Isso certamente não contribui para mostrarmos o nosso melhor.

EXERCÍCIO: Substituindo os seus "deveria"

Como já disse e escrevi muitas vezes, creio que a palavra *deveria* é uma das mais prejudiciais que existem. Sempre que a utilizamos, estamos, na verdade, afirmando que *estamos* errados, que *estivemos* errados ou que *estaremos* errados. Eu gostaria de apagar de vez essa palavra do seu dicionário e substituí-la por *posso*. Essa palavra nos dá uma escolha e assim nunca estamos errados.

Pense em cinco coisas que você "deveria" fazer. Então, substitua *deveria* pela palavra *posso*.

Agora, pergunte-se: *Por que eu não...?* Creio que você descobrirá que há muitos anos esteve se repreendendo por algo que nunca quis realmente fazer ou por algo que nunca foi sua ideia. Quantos "deveria" você pode eliminar da sua lista?

EXERCÍCIO: Meu eu crítico

A crítica destrói o espírito interior e nunca muda nada. O elogio favorece o espírito e pode trazer mudanças positivas. Escreva duas críticas que costuma fazer a si mesmo na área do amor e dos relacionamentos. Talvez você não seja capaz de dizer às pessoas o que sente ou do que precisa. Pode ser que tenha medo de relacionamentos ou atraia parceiros que o magoam. Depois, pense em elogios que você pode se fazer nessa área.

Exemplos:

Eu me critico por: *escolher pessoas que não conseguem me dar o que eu preciso e por ser pegajoso nos meus relacionamentos.*

Eu me elogio por: *ser capaz de dizer a alguém que gosto dele/dela (eu tinha medo, mas disse assim mesmo); e por permitir a mim mesmo ser abertamente amoroso e carinhoso.*

Agora pense nas coisas pelas quais se critica e em maneiras de se elogiar nessas áreas.

Parabéns! Você começou a quebrar outro velho hábito! Está aprendendo a se elogiar agora, neste momento. E o ponto do poder está *sempre* no momento presente.

EXERCÍCIO: Reconhecendo nossos sentimentos

A raiva é uma emoção normal e natural. Os bebês ficam furiosos quando não são atendidos, expressam sua raiva e ela logo passa. Muitos de nós aprendemos que não é educado, gentil ou aceitável demonstrar raiva. Aprendemos a engolir nossos sentimentos de raiva. O problema é que esses sentimentos se depositam em nosso corpo, principalmente nos músculos e articulações. Ele se acumulam e se transformam em rancor. Camadas e camadas de raiva escondida transformadas em ressentimento podem contribuir para o aparecimento de doenças como artrite, dores de todos os tipos e até mesmo câncer.

Precisamos reconhecer todas as nossas emoções, inclusive a raiva, e encontrar maneiras positivas de expressar esses sentimentos. Não temos que maltratar ninguém, basta dizer simples e claramente, "Isso me dá raiva" ou "Estou com raiva pelo que você fez". Se o momento não for apropriado para dar vazão à raiva, existem outras saídas: grite com a cabeça enfiada num travesseiro, soque almofadas, corra, grite dentro do carro com as janelas fechadas, jogue tênis, e muitas outras. Todas são válvulas de escape saudáveis.

1. Qual era o modelo de raiva na sua família?
2. O que seu pai fazia com a raiva dele?
3. O que sua mãe fazia com a raiva dela?
4. O que seus irmãos ou irmãs faziam com a raiva deles?
5. Havia um membro da família que recebia a raiva de todos?
6. O que *você* fazia com sua raiva quando era criança?
7. Você expressava sua raiva ou a engolia?
8. Que método você empregava para controlar sua raiva?
9. Você...
   ... comia demais? **Sim** **Não**
   ... estava sempre doente? **Sim** **Não**

... tinha tendência a se acidentar?	**Sim**	**Não**
... vivia brigando?	**Sim**	**Não**
... ia mal na escola?	**Sim**	**Não**
... estava sempre chorando?	**Sim**	**Não**

10. Como você lida com sua raiva atualmente?
11. Você vê um modelo, um costume familiar de como lidar com ela?
12. Com qual membro da sua família você se parece quando se trata de expressar a raiva?
13. Você tem "direito" de ficar com raiva?
14. Por que ou por que não? Quem disse isso?
15. Você é capaz de se dar permissão para expressar todos os seus sentimentos de uma maneira apropriada?

Para crescer e desabrochar, uma criança precisa de amor, aceitação e elogios. É possível mostrar um modo "melhor" de fazer as coisas, sem tornar o medo que utilizamos *errado*. A criança no seu interior ainda precisa desse amor e dessa aprovação.

Diga à sua criança interior as seguintes declarações positivas:

"Eu te amo e sei que você está fazendo o melhor possível."
"Você é perfeito do jeito que é."

"Você se torna mais maravilhoso a cada dia."
"Você tem minha aprovação."
"Vejamos se conseguiremos encontrar um modo
melhor de fazer isso."
"Crescer e mudar é divertido, e podemos fazê-lo
juntos."

Essas são palavras que uma criança quer ouvir. Elas fazem com que se sintam bem. Quando se sentem bem, elas fazem o seu melhor e vão crescendo com segurança.

Se seu filho ou sua criança interior está acostumado a sempre estar "errado", talvez leve algum tempo para ele/ela aceitar as palavras novas e positivas. Se você tomar uma decisão definitiva de se livrar da crítica e, se for persistente, será capaz de fazer milagres.

Dê-se um mês para conversar com sua criança interior de formas positivas. Use as afirmações acima ou crie outras que você ache mais adequadas. Deixe a lista sempre ao seu alcance. Quando perceber que está começando a criticar, pegue a lista e leia as afirmações duas ou três vezes. Melhor ainda, diga-as em voz alta diante de um espelho.

EXERCÍCIO: Ouça você mesmo

Este exercício requer um gravador. Grave suas conversas ao telefone por cerca de uma semana. Grave apenas a sua voz. Depois, sente-se e ouça a gravação. Preste atenção não apenas no que você fala, mas no *modo* como você fala. Quais são suas crenças? Quem ou o que você critica? Com qual dos seus pais você se parece quando fala?

À medida que você se livra da necessidade de implicar consigo mesmo o tempo todo, irá perceber que já não critica tanto os outros. Quando se permite ser você mesmo, automaticamente vai deixando os outros serem como são. Suas pequenas manias não o incomodam mais. Você se livra da necessidade de mudá-los. E, quando você para de julgar os *outros,* eles se libertam da necessidade de julgar *você.* Afinal, todos querem ser livres.

Talvez você seja uma pessoa que critica todos que o cercam. Isso mostra que também está sempre se criticando. Então, pergunte a si mesmo:

1. Que vantagem eu obtenho por estar sempre com raiva?
2. O que acontecerá se eu liberar minha raiva?
3. Estou disposto a perdoar e ser livre?

EXERCÍCIO: Escreva uma carta

Pense em uma pessoa que lhe causou raiva. Pode ser uma raiva antiga ou mais recente. Escreva uma carta para ela. Fale sobre todas as suas mágoas e como você está se sentindo. Não reprima nada e escreva com grande clareza. Terminada a carta, leia-a uma vez, depois dobre-a e escreva no lado de fora: "O que realmente desejo é seu amor e sua aprovação." Então, queime a carta e esqueça dela.

Trabalho no espelho

Trabalhar diante do espelho é simples e extremamente poderoso. Basta olhar no espelho enquanto você faz afirmações. O espelho devolve seus verdadeiros sentimentos. Quando você era criança, recebia a maior parte das mensagens negativas dos adultos e muitos deles o olharam diretamente nos olhos e até apontaram um dedo na sua cara.

Atualmente, quando a maioria de nós olha para um espelho, diz algo negativo. Criticamos nossa aparência e nos recriminamos por alguma coisa que não fizemos.

Olhar-se diretamente nos olhos e fazer declarações positivas é uma das maneiras mais rápidas de obtermos bons resultados. Peço às pessoas para olhar nos seus olhos e dizer algo positivo sobre si mesmas sempre que passam por um espelho.

Portanto, neste momento, pense em uma outra pessoa, ou na pessoa para quem você escreveu a carta, que o fez sentir raiva. Sente-se diante de um espelho. Tenha alguns lenços por perto. Olhe bem no fundo dos seus olhos e "veja" a outra pessoa. Diga por que está com tanta raiva dela.

Quando terminar, diga-lhe: "O que realmente desejo é seu amor e sua aprovação." Todos nós sempre estamos procurando por amor e aprovação. É isso que queremos de todos e o que todos querem de nós. Amor e aprovação trazem harmonia à nossa vida.

Para ser livre, você precisa liberar os velhos laços que o prendem. Portanto, volte a olhar no espelho e afirme para você mesmo: "*Estou disposto a me livrar da necessidade de ser uma pessoa nervosa.*" Preste atenção para ver se está realmente disposto a se livrar ou se continua preso ao passado.

As declarações da lista de verificação no início do capítulo estão repetidas abaixo, acompanhadas das afirmações correspondentes a cada crença. Faça com que se tornem parte da sua rotina diária. Repita-as muitas vezes no carro, trabalhando, olhando para um espelho ou a qualquer momento em que sentir crenças negativas emergindo.

As pessoas são estúpidas!
Todos, eu inclusive, estão fazendo o melhor possível.

Eu faria isso se não fosse tão gordo.
Eu dou valor ao meu corpo.

Nunca vi roupas tão feias.
Amo a personalidade que as pessoas expressam no seu modo de vestir.

Eles nunca conseguirão terminar esse trabalho.
Estou livre da necessidade de criticar os outros.

Sou desastrado.
A cada dia que passa eu me torno mais competente.

Se eu ficar com raiva, perderei o controle.
Expresso minha raiva da maneira apropriada e no lugar conveniente.

Não tenho direito de ficar com raiva.
Todas as minhas emoções são aceitáveis.

A raiva é ruim.
A raiva é normal e natural.

Eu me assusto quando vejo alguém com raiva.
Eu conforto minha criança interior e nós estamos seguros.

Não é seguro ter raiva.
Estou em segurança com minhas emoções.

Se eu ficar bravo não serei amado.
Quanto mais sincero eu for, mais serei amado.

Fico doente quando tenho que engolir a minha raiva.
Expressões saudáveis de raiva me mantêm em perfeita saúde.

Meus vizinhos são muito barulhentos.
Deixo sair de mim a necessidade de ser perturbado.

Ninguém me pergunta o que eu penso.
Minhas opiniões são valorizadas.

> *"Eu me dou permissão para reconhecer meus sentimentos."*

Tratamento para uma vida pacífica

Eu sou uno com o poder da Vida. Tudo o que existe na Vida me ama e me apoia. Por isso, eu exijo amor e aceitação o tempo todo. Aceito todas as minhas emoções e posso expressá-las da maneira adequada, quando surge a ocasião. Não sou como meus pais, nem estou amarrado aos seus modelos de julgamento e raiva. Aprendi a observar em vez de reagir, e agora a minha vida está muito menos tumultuada. Sou uma pessoa única e escolho não me irritar mais com coisas pequenas. Tenho paz de espírito. Esta é a verdade do meu ser e eu a aceito como é. Tudo está bem no meu interior.

CAPÍTULO 6

Afirmações para vícios

"Nenhuma pessoa, lugar ou coisa tem poder sobre mim."

Lista de afirmações para vícios

Marque as declarações abaixo que acredita serem aplicáveis ao seu caso. No final do capítulo, você conseguirá contrariar esses pensamentos negativos com afirmações positivas.

- ❑ Quero aliviar minha dor *agora*.
- ❑ Fumar reduz minha ansiedade.
- ❑ Ter muitas relações sexuais me mantém longe de meus pensamentos.
- ❑ Não consigo parar de comer.
- ❑ A bebida faz com que eu seja popular.
- ❑ Preciso de perfeição.

- ☐ Eu jogo demais.
- ☐ Preciso dos meus tranquilizantes.
- ☐ Não consigo parar de fazer compras.
- ☐ Tenho dificuldade de fugir de relacionamentos abusivos.

O comportamento compulsivo é um outro modo de dizer "Não sou bom o bastante". Quando ficamos presos a ele, estamos querendo fugir de nós mesmos. Evitamos entrar em contato com nossos sentimentos. Existe algo em que acreditamos, lembramos, dizemos ou fazemos que é doloroso demais para ser enfrentado. Por isso, nós comemos demais, bebemos, transamos, tomamos medicamentos demais, gastamos dinheiro que não temos ou estamos sempre atraindo maus relacionamentos amorosos.

Existem programas de 12 passos que lidam com a maioria desses vícios e que foram úteis para milhares de pessoas. Se você tem um grave problema com a bebida, por exemplo, eu o encorajo a procurar os Alcoólicos Anônimos (AA). Esses programas lhe darão a ajuda necessária enquanto você estiver fazendo essas importantes mudanças.

Neste capítulo, não tenho a pretensão de reproduzir os resultados que esses programas obtiveram com pessoas com comportamento compulsivo. Acredito que primeiro temos que nos conscientizar de que existe em todos nós a necessidade de termos esses atos compulsivos. Essa necessidade deve ser abandonada antes de o comportamento ser modificado.

Amar e aprovar seu modo de ser, confiar no processo da vida e se sentir seguro porque conhece o poder da sua própria mente são temas extremamente importantes quando lidamos com comportamento compulsivo. Minha experiência com pessoas viciadas me mostrou que a maior parte desses indivíduos tem um profundo ódio por eles mesmos. Não querem se perdoar. Dia após dia eles se castigam. Por quê? Porque em algum ponto da vida (mais provavelmente quando eram crianças), eles interiorizaram a ideia de que não eram todo bons o bastante – eram "maus" e merecedores de castigo.

Experiências ocorridas na primeira infância que envolvem abusos físicos, emocionais ou sexuais contribuem para o ódio contra si próprio. Sinceridade, perdão, amor-próprio e disposição de viver na verdade ajudam a sanar esses sofrimentos precoces e proporcionam alívio para pessoas compulsivas. Também acredito que a personalidade compulsiva é medrosa. Nela há um grande medo de deixar ir o problema e confiar no processo da vida. Enquanto acreditarmos que o mundo é um lugar perigoso, onde pessoas e situações estão esperando para nos "pegar" – essa crença será nossa realidade.

Você está disposto a deixar ir as ideias e crenças que não o apoiam ou alimentam? Se for esse seu caso, está pronto para continuar esta jornada.

EXERCÍCIO: Livre-se de seus vícios

É aqui que acontecem as mudanças – aqui e agora na sua mente! Respire fundo algumas vezes. Feche os olhos. Pense na pessoa, lugar ou coisa em que você é viciado. Pense na insanidade que existe por trás desse vício. Conscientize-se de que está tentando consertar o que há de errado no seu interior agarrando-se a algo que está fora de você. O ponto do poder está no instante presente e você pode começar a mudar hoje mesmo.

Mais uma vez, esteja disposto a liberar a necessidade que o prejudica. Diga: *"Estou disposto a me livrar da necessidade de _____ em minha vida. Eu a libero agora mesmo e confio no processo da vida. Sei que ele atenderá minhas necessidades."*

Diga essa afirmação todas as manhãs, nas suas meditações e preces. Cada vez que a repetir estará dando mais um passo na direção da liberdade.

EXERCÍCIO: Seu vício secreto

Faça uma lista dos dez segredos relacionados com seu vício que jamais contou a ninguém. Se você for um comedor compulsivo, pode ter ingerido algo tirado de uma lata de lixo. Se for alcoólatra, pode ter escondido uma garrafa no carro para beber enquanto está dirigindo. Se for um jogador compulsivo, talvez tenha feito um empréstimo com um agiota, pondo em perigo a vida da sua família. Seja totalmente aberto e honesto.

Como se sente agora? Olhe para seu "pior" segredo. Visualize-se nesse período de sua vida e *ame* essa pessoa que você está vendo. Diga a ela o quanto a ama e também que está perdoada. Olhe no espelho e diga: "Eu a perdoo e a amo exatamente como você é." Respire fundo.

EXERCÍCIO: Pergunte à sua família

Voltemos à sua infância por um instante. Responda algumas perguntas:

1. Minha mãe sempre me obrigava a...
2. O que eu realmente gostaria que ela dissesse era...

3. O que minha mãe realmente não sabia era...
4. Meu pai disse que eu não devia...
5. Se meu pai soubesse...
6. Gostaria de ter contado ao meu pai que...
7. Mãe, eu a perdoo por...
8. Pai, eu o perdoo por...

Muitas pessoas me dizem que não conseguem desfrutar do presente por causa de algo que aconteceu no passado... Prender-se ao passado *só serve para nos magoar*. Se agirmos assim, estamos nos recusando a viver o momento. O passado terminou e não pode ser mudado. O agora é o único momento que podemos vivenciar.

EXERCÍCIO: Deixando ir o passado

Agora, vamos limpar o passado da sua mente. Solte-se do vínculo emocional que o prende a ele. Deixe as memórias serem apenas memórias.

Digamos que você lembra de uma roupa que usava quando tinha dez anos. Geralmente não existe um vínculo, é só uma memória. Essa deveria ser a nossa atitude em relação a *todos os eventos passados* da vida. À medida que as for liberando, você fica livre para usufruir do momento presente e criar um futuro brilhante.

Você não deve se castigar por coisas acontecidas no passado.

1. Faça uma lista das coisas que você está disposto a deixar ir.
2. Você está mesmo decidido a fazer isso? Preste atenção nas suas reações e escreva-as.
3. O que pretende fazer para mandar essas coisas embora? O quão disposto você está a fazer isso?

EXERCÍCIO: Autoaprovação

Como o ódio por si próprio tem um papel tão importante no comportamento compulsivo, agora vamos para um dos meus exercícios favoritos. Já ensinei a milhares de pessoas e os resultados são impressionantes.

Durante o próximo mês, sempre que pensar no seu vício, diga a si mesmo muitas e muitas vezes: *"Eu gosto de mim."*

Repita essa frase entre trezentas a quatrocentas vezes por dia. Não, não é demais. Afinal, quando você está se preocupando, não para de pensar no problema. Deixe "Eu gosto de mim" se transformar em um mantra, algo que vai repetindo sem parar a você mesmo.

Fazer essa afirmação muitas e muitas vezes é uma garantia de fazer emergir da sua consciência tudo o que está em oposição a ela. Quando um pensamento negativo vier à sua mente, como: "Como é possível gostar de você? Você torra todo o seu dinheiro" ou "Você acabou de devorar dois pedaços de bolo", ou ainda "Seu futuro é ser um fracassado", ou qualquer que seja a sua conversa mental negativa, *essa* é a hora de você assumir o controle da sua mente. Não dê importância a esses pensamentos. Entenda o que eles realmente são – um outro modo de mantê-lo preso ao passado. Diga gentilmente ao pensamento: "Obrigado por compartilhar. Eu estou pronto para deixá-lo ir embora. Eu gosto de mim." Esses pensamentos de resistência não terão nenhum poder para afetá-lo se você escolher não acreditar neles.

As declarações da lista de verificação no início deste capítulo estão repetidas abaixo, junto com uma afirmação correspondente a cada crença. Faça essas afirmações se tornarem parte da sua rotina diária. Repita-as frequentemente no carro, no trabalho, olhando para o espelho ou em qualquer momento que sentir seus sentimentos negativos emergindo.

Quero aliviar minha dor *agora*.
Estou em paz.

Fumar reduz minha ansiedade.
Deixo ir o estresse fazendo respirações profundas.

Ter muitas relações sexuais me mantém longe de meus pensamentos.
Tenho o poder, força e conhecimento para lidar com tudo o que acontece em minha vida.

Não consigo parar de comer.
Eu me alimento com meu próprio amor.

A bebida faz com que eu seja popular.
Eu transmito aceitação e sou profundamente amado pelos outros.

Preciso de perfeição.
Deixo sair de mim essa crença tola. Gosto de mim como eu sou.

Eu jogo demais.
Estou aberto à minha sabedoria interior. Sinto-me em paz.

Preciso dos meus tranquilizantes.
Eu me deixo levar calmamente pelo fluxo da Vida e a Vida me dá tudo o que preciso com a maior facilidade.

Não consigo parar de fazer compras.
Estou disposto a criar novos pensamentos sobre mim mesmo e minha vida.

Tenho dificuldade de fugir de relacionamentos abusivos.
Ninguém pode me maltratar. Eu me amo, aprecio e me respeito.

"Eu me dou permissão para mudar."

Tratamento para a cura de vícios

Eu sou uno com o poder da Vida. Tudo o que existe na Vida me ama e me apoia. Por isso, exijo uma grande autoestima e elevado valor. Eu me amo e gosto de mim em qualquer nível. Não sou como meus pais e não preciso do modelo de vício que eles tinham. Seja qual for o meu passado, eu agora, neste instante, escolho eliminar a conversa interior negativa. Eu me amo e gosto de mim como sou. Sou um ser único e encontro alegria na pessoa que sou. Sou aceito por todos e merecedor de amor. Essa é a verdade do meu ser e eu a aceito com prazer. Tudo está bem no meu mundo.

CAPÍTULO 7

Afirmações para o perdão

"Fui perdoado e estou livre."

Lista de verificação para o perdão

Marque as declarações abaixo que você acredita serem aplicáveis ao seu caso. No final do capítulo, você será capaz de contrariar esses pensamentos negativos com afirmações positivas.

- ❏ Nunca vou perdoá-los.
- ❏ O que eles fizeram foi imperdoável.
- ❏ Eles arruinaram a minha vida.
- ❏ Fizeram de propósito.
- ❏ Eu era tão pequenino e eles me magoaram muito.
- ❏ Eles têm que pedir desculpa primeiro.
- ❏ Meu rancor me dá segurança.
- ❏ Só os fracos perdoam.

- ❑ Eu estou certo e eles estão errados.
- ❑ É tudo culpa dos meus pais.
- ❑ Eu não tenho que perdoar ninguém.

Você reagiu a várias dessas declarações? O perdão é uma questão difícil para muita gente.

Todos nós precisamos trabalhar nossa habilidade de perdoar. Qualquer um que tenha dificuldade em se amar está preso nessa área. O perdão abre nossos corações para o amor-próprio. Muitos de nós carregam ressentimentos por anos a fio. Nós nos sentimos ofendidos ou magoados por causa do que *eles* nos fizeram. É como se fôssemos um modelo de virtudes. Podemos até ter razão. Mas nunca seremos felizes.

Posso até ouvir você dizendo: "Mas você não sabe o que eles fizeram. É imperdoável." Não estar disposto a perdoar é muito ruim para você. A mágoa é o mesmo que tomar uma colher de veneno por dia. Ela vai se acumulando e o prejudica. É impossível ser saudável e feliz quando nos mantemos presos ao passado. O incidente já aconteceu há muito tempo e acabou. Sim, é verdade que *eles* não se comportaram bem. Mesmo assim, está acabado. Talvez você tenha a falsa impressão de que perdoá-los significa concordar com o que fizeram.

Uma das maiores lições espirituais que podemos aprender é que todos estão fazendo o melhor que podem. As pessoas só podem agir com a compreensão, percepção e conhecimento que possuem. Invariavelmente, qualquer indivíduo que maltrata alguém foi maltratado quando criança. Quanto maior a violência, quanto maior for sua dor interna, mais ele maltrata. Isso não quer dizer que esse comportamento é aceitável ou desculpável. Entretanto, para nossa própria evolução espiritual, temos que ter consciência da dor dos outros.

O incidente já passou. Há muito tempo, talvez. Esqueça-o. Permita-se ser livre. Saia da prisão do rancor e entre na luz da vida. Se o incidente ainda continua, questione, pergunte-se por que você tem um conceito tão baixo de si mesmo para aguentar essa situação. Por que está preso a um problema desagradável? Não perca tempo tentando "dar o troco" porque não vai funcionar. O que damos sempre volta para nós. Portanto, livre-se do passado e trabalhe para se amar *agora*. Dessa forma, seu futuro será maravilhoso.

A pessoa que em sua opinião é a mais difícil de perdoar será aquela que lhe ensinará as maiores lições. Quando você se ama o suficiente para superar a velha situação, a compreensão e o perdão serão fáceis. Então, você estará livre. A liberdade o assusta? Será que você se sente mais seguro atolado no rancor e na amargura?

Trabalho no espelho

Chegou a hora de voltarmos ao espelho. Olhe fixamente nos seus olhos e diga com emoção: *"Estou disposto a perdoar!"* Repita várias vezes.

O que está sentindo? Você acha que é teimoso e continua preso ao passado? Ou acredita que é aberto e está disposto a apagá-lo de sua mente?

Preste atenção nos seus sentimentos. Não julgue-os. Respire fundo algumas vezes repita o processo. Está sentindo alguma diferença?

EXERCÍCIO: Atitudes familiares

1. Sua mãe era uma pessoa que perdoava facilmente?
2. E seu pai?
3. A amargura era uma maneira de a sua família lidar com situações de sofrimento?
4. Como sua mãe se vingava?
5. E seu pai?
6. Como você se vinga?
7. Você se sente bem quando consegue vingança?
8. Por que você se sente assim?

Um fenômeno interessante costuma ocorrer quando você trabalha em sua habilidade de perdoar. Frequentemente outras pessoas reagem à sua atitude. Não é necessário ir até o indivíduo envolvido e dizer que o perdoa. Você pode até desejar fazê-lo, mas não é obrigatório. A maior parte do trabalho de perdão é feita no seu próprio coração.

O perdão raramente é para "eles". Ele é para nós. A pessoa que você precisa perdoar pode até estar morta.

Muitas pessoas me contaram que quando perdoaram verdadeiramente alguém, algum tempo depois, dois ou três meses, por exemplo, receberam um telefonema ou uma carta da pessoa envolvida, pedindo perdão. Isso parece acontecer com mais frequência quando os exercícios para o perdão são feitos diante do espelho. Por isso, quando fizer esse exercício, perceba qual é a profundidade dos seus sentimentos.

Exercício no espelho

O exercício no espelho geralmente é desconfortável e algo que você gostaria de evitar. Se você estiver em pé, diante do espelho do banheiro, é fácil demais fugir pela porta. Creio que melhores benefícios são obtidos quando estamos sentados em frente ao espelho. Gosto de usar o espelho grande que fica atrás da porta do meu quarto. Sento numa cadeira confortável e deixo uma caixa de lenços de papel no meu colo.

Sempre reserve um bom tempo para o exercício. Você também pode repeti-lo quantas vezes quiser. É provável que você precise perdoar várias pessoas.

Sente-se diante do espelho. Feche os olhos e respire fundo algumas vezes. Pense nas pessoas que o magoaram ao longo da sua vida. Deixe-as passarem pela sua mente. Agora abra os olhos e comece a conversar com uma delas.

Diga algo como: "Você me magoou demais, mas não quero ficar preso ao passado. Estou disposto a perdoá-lo." Respire fundo, solte o ar e diga: "Eu te perdoo e te liberto." Respire mais uma vez e diga: "Você está livre e eu estou livre."

Preste atenção no que está sentindo. Pode estar vivenciando uma resistência ou sentindo-se mais leve. Se estiver resistindo, respire e diga: "Estou disposto a deixar ir toda a resistência."

Pode acontecer que em um só dia você consiga perdoar várias pessoas. Em outras ocasiões, talvez uma só. Não tem importância. Seja qual for o modo como está fazendo o exercício, ele é sempre perfeito para você. Às vezes perdoar pode ser parecido com soltar as camadas de uma cebola. Se as camadas forem muitas, ponha a cebola de lado por um ou dois dias. Você sempre pode voltar para terminar o trabalho. Não deixe de elogiar a si mesmo por estar disposto a começar este exercício.

À medida que for fazendo o exercício, amplie sua lista de pessoas a serem perdoadas. Lembre-se de:

- ❑ membros da família
- ❑ professores
- ❑ colegas de escola
- ❑ namorados, amantes, cônjuges
- ❑ amigos
- ❑ colegas de trabalho
- ❑ órgãos do governo ou seus dirigentes
- ❑ membros ou funcionários da sua igreja
- ❑ profissionais da medicina
- ❑ Deus
- ❑ outras figuras de autoridade
- ❑ você mesmo

Acima de tudo, perdoe a si mesmo. Pare de ser tão duro consigo mesmo. Não é necessário se punir. Você estava fazendo o melhor possível naquele momento.

Mais uma vez, sente-se diante do espelho e pegue sua lista. Diga a cada pessoa que está nela: "Eu te perdoo por _____." Respire. "Eu te perdoo e te liberto."

Continue percorrendo a lista. Se não tiver mais raiva ou rancor de alguém, tire seu nome da lista. Se ainda não estiver livre da mágoa, deixe para uma outra ocasião.

À medida que for avançando no exercício, você sentirá que os fardos estão saindo dos seus ombros. Talvez se surpreenda com a quantidade de mágoas antigas que estava carregando. Lembre-se de ser sempre gentil consigo mesmo enquanto estiver fazendo o trabalho de limpeza mental.

EXERCÍCIO: Faça uma lista

Escolha uma música suave, para relaxar e sentir-se em paz. Pegue um caderno e uma caneta e deixe sua mente vagar. Volte ao passado e pense em todas as ocasiões em que sentiu raiva de si mesmo. Escreva. Escreva *todas*. Você pode descobrir que jamais se perdoou pela humilhação de ter feito xixi na calça na escola primária. Quanto tempo carregando *esse* fardo!

Às vezes é mais fácil perdoar os outros do que nós mesmos. Frequentemente somos muito duros conosco e exigimos perfeição. Qualquer erro que cometemos é punido com severidade. Chegou a hora de deixarmos para trás essa velha atitude.

Os erros nos ajudam a aprender. Se você fosse perfeito, não teria erros em sua vida e nem precisaria estar neste planeta. A perfeição não conquistará o amor e apoio dos seus pais e desejá-la só servirá para você se sentir "errado" e que não é bom o bastante. Esqueça disso e pare de se maltratar.

Perdoe-se. Dê-se espaço para ser livre e espontâneo. Você não precisa sentir culpa ou vergonha.

Vá à praia, a um parque ou mesmo a um terreno baldio e permita-se correr. Não como uma corrida esportiva. Leve sua criança interior para se divertir. Corra à vontade, mais solto. Faça piruetas, salte obstáculos – e dê muita risada! Não se preocupe se alguém estiver olhando. E daí? É a sua liberdade!

As declarações na lista de verificação do início do capítulo estão repetidas abaixo, junto com a afirmação que corresponde a cada crença. Faça essas afirmações se tornarem parte da sua rotina diária. Repita-as muitas vezes no carro, no trabalho, olhando para o espelho ou sempre que sentir suas crenças negativas começando a emergir.

Nunca vou perdoá-los.
Este é um novo momento. Sou livre para liberar minhas mágoas.

O que eles fizeram foi imperdoável.
Estou disposto a ir além das minhas próprias limitações.

Eles arruinaram a minha vida.
Assumo a responsabilidade pela minha vida.

Fizeram de propósito.
Eles estavam fazendo o melhor possível com o conhecimento, compreensão e percepção que tinham na época.

Eu era tão pequenino e eles me magoaram muito.
Agora sou adulto e cuido da minha criança interior com muito carinho.

Eles têm que pedir desculpa primeiro.
Meu crescimento espiritual não depende de outras pessoas.

Meu rancor me dá segurança.
Eu me liberto da prisão. Estou livre e em perfeita segurança.

Só os fracos perdoam.
Perdoar e libertar aumentam o meu poder.

Eu estou certo e eles estão errados.
Não existe certo ou errado. Não faço julgamentos.

É tudo culpa dos meus pais.
Meus pais me trataram como eles foram tratados. Eu os perdoo e também perdoo os seus pais.

Eu não tenho que perdoar ninguém.

Eu me recuso a me limitar. Estou sempre disposto a dar o próximo passo.

"Eu me dou permissão para ser livre."

Tratamento para o perdão

Eu sou uno com o poder da Vida. Tudo o que há na Vida me ama e me apoia. Por isso, exijo para mim um coração aberto, pleno de amor. Estamos todos fazendo o melhor possível em qualquer momento e isso também vale para mim. O passado foi embora, acabou. Não sou como meus pais e não tenho os modelos de ressentimento que eles apresentavam. Sou uma pessoa única e escolho abrir meu coração e deixar o amor, compaixão e compreensão expulsarem todas as lembranças de sofrimento do passado. Estou livre para ser tudo o que desejo ser. Essa é a verdade do meu ser e eu a aceito com alegria. Tudo está bem na minha vida.

CAPÍTULO 8

Afirmações para o trabalho

"É uma grande alegria expressar minha criatividade e ser valorizado."

Lista de verificação para o trabalho

Marque os itens abaixo que acredita serem aplicáveis a você. No final do capítulo, você conseguirá contrariar esses pensamentos negativos com afirmações positivas.

- ❑ Odeio meu trabalho.
- ❑ Meu trabalho é muito estressante.
- ❑ Ninguém me valoriza no lugar onde trabalho.
- ❑ Meus empregos nunca oferecem possibilidade de um bom futuro.
- ❑ Meu chefe é grosso e me maltrata.

- ❏ Todos esperam demais de mim.
- ❏ Meus colegas de trabalho me deixam maluco.
- ❏ Não existe criatividade no meu trabalho.
- ❏ Nunca serei bem-sucedido.
- ❏ Meu emprego não me oferece oportunidades para progredir.
- ❏ Não recebo um bom salário.

Examinemos o tipo de pensamentos que temos relacionados a trabalho. Nossos empregos e o trabalho que fazemos são reflexos da nossa autovalorização e do valor que sentimos ter no mundo. De certa forma, o trabalho é uma troca de tempo e serviços por dinheiro. Eu gosto de acreditar que todas as formas de negócio são oportunidades para desejarmos a prosperidade uns dos outros e nos abençoarmos.

O *tipo* de trabalho que fazemos é de grande importância para nós porque somos seres únicos. Queremos sentir que estamos dando uma contribuição para o mundo. Temos necessidade de expressar nossos próprios talentos, inteligência e habilidades criativas.

No entanto, há problemas que podem ocorrer no local de trabalho. Talvez você não se dê bem com seu chefe ou com seus colegas. Talvez sinta que não é valorizado ou reconhecido pelo trabalho que executa. Talvez nunca consiga uma promoção ou um cargo mais adequado para seu nível de conhecimento.

Lembre-se de que independentemente do cargo em que se encontra, foi seu pensamento que o colocou lá. As pessoas que o cercam estão apenas refletindo o que *você* acredita merecer.

Pensamentos podem ser modificados e situações também. O chefe que rotulamos como intolerável poderia se tornar nosso maior incentivador. O cargo sem nenhuma possibilidade de progresso poderia abrir caminho para uma nova carreira repleta de possibilidades. O colega de trabalho que nos irrita poderia se tornar, senão um amigo, alguém mais simpático. O salário que classificamos como insuficiente poderia aumentar num piscar de olhos. Poderíamos encontrar um novo emprego maravilhoso.

Existe um número infinito de canais que podem se abrir diante de nós se conseguirmos modificar nosso modo de pensar. Devemos acolher todas as possibilidades. Devemos aceitar conscientemente que a abundância e realização pessoal podem chegar de qualquer direção.

De início a mudança pode ser pequena, como uma nova tarefa onde você poderia demonstrar ao seu chefe sua competência e criatividade. Se não ficar vendo somente os defeitos do colega de trabalho que tanto o irrita, ele pode se tornar mais agradável. Seja qual for a mudança, aceite-a e alegre-se com ela. Você não está sozinho. Você *é* a mudança. O Poder que o criou *lhe* deu o poder de criar suas próprias experiências!

EXERCÍCIO: Centrar-se

Reserve um breve momento para se centrar. Levante a mão direita e coloque-a sobre a região do umbigo. Pense nessa área como o centro do seu ser. Respire fundo. Olhe novamente para o espelho e diga: *"Estou me livrando da necessidade de ser infeliz no trabalho."* Repita duas vezes, mas diga de maneira diferente, para que você vá aumentando seu compromisso de mudar.

EXERCÍCIO: Pense na sua vida profissional

1. Se você pudesse se tornar qualquer coisa, o que escolheria?
2. Se pudesse ter o emprego que tanto deseja, qual seria?
3. O que gostaria de mudar no seu emprego atual?
4. O que você gostaria de mudar no seu empregador?
5. Você trabalha num ambiente agradável?
6. Quem você precisa perdoar em primeiro lugar no seu trabalho?

Exercício no espelho

Sente-se diante do espelho. Respire fundo algumas vezes para se centrar. Agora comece a conversar com os indivíduos que lhe causam mais raiva no trabalho. Diga-lhes por que está bravo e deixe bem claro o quanto eles o magoaram, ameaçaram ou violaram seu espaço e limites. Ponha tudo para fora – não contenha nem uma palavra! Explique-lhes qual é o tipo de comportamento que espera no futuro, e perdoe-os por não serem o que você gostaria que fossem.

Respire fundo. Peça-lhes para lhe darem o devido respeito e ofereça o mesmo a eles. Afirme que vocês podem ter um relacionamento profissional harmonioso.

Abençoando com amor

A bênção com amor é uma ferramenta poderosa para ser usada em qualquer ambiente de trabalho. Abençoe o local antes de chegar a ele. Abençoe qualquer pessoa, lugar ou coisa nele existentes com muito amor. Se tiver um problema com um colega, chefe, fornecedor e até mesmo a temperatura do prédio, abençoe-os com amor. Afirme que você e a pessoa ou situação estão de acordo e em perfeita harmonia.

"Estou em perfeita harmonia com meu local de trabalho e com todos que lá estão."

"Eu sempre trabalho em locais harmoniosos."

*"Eu honro e respeito cada pessoa que está em
contato comigo e elas, por sua vez, me honram e
me respeitam."*

*"Eu abençoo esta situação com amor e sei que
ela proporciona o melhor possível para todos os
envolvidos."*

*"Eu o abençoo com amor e o libero para atingir
o seu mais alto bem."*

*"Eu abençoo este emprego e o entrego para
alguém que irá amá-lo. Estou livre para aceitar
uma nova e maravilhosa oportunidade."*

Selecione ou adapte essas afirmações para se ajusta-
rem ao seu problema profissional e repita-as muitas e
muitas vezes. Sempre que certa pessoa ou situação vier à
sua mente, faça novamente a afirmação. Elimine a energia negativa que está em sua mente. Você *pode*, usando
apenas o pensamento, modificar uma experiência.

EXERCÍCIO: Autovalorização no trabalho

Examinemos seus sentimentos sobre autovalorização na área profissional. Depois de responder cada uma

das seguintes perguntas, escreva uma afirmação apropriada (sempre no presente).

1. Eu me sinto merecedor de um bom emprego?
   Exemplo de resposta: *Às vezes acho que não
   sou bom o bastante.*
   Exemplo de afirmação: *Sou totalmente
   adequado para todas as situações.*

2. O que eu mais temo no trabalho?
   Exemplo de resposta: *Meu empregador vai
   descobrir que não sou qualificado, vai me
   despedir e não conseguirei outro emprego.*
   Exemplo de afirmação: *Eu me centro na
   segurança e aceito a perfeição da minha vida.
   Tudo está bem.*

3. O que estou "ganhando" com essa crença?
   Exemplo de resposta: *Eu bajulo as pessoas e
   vejo o chefe como um dos meus pais.*
   Exemplo de afirmação: *É minha mente que cria
   minhas experiências. Sou ilimitado na minha
   capacidade de criar o bem em minha vida.*

4. O que temo que me acontecerá se eu me livrar
   dessa crença?

Exemplo de resposta: *Eu teria que crescer e me tornar responsável.*

Exemplo de afirmação: *Sei que sou uma pessoa de valor. É seguro para mim ser bem-sucedido. A Vida me ama.*

Visualização

Qual seria o trabalho perfeito? Reserve um momento para se ver nesse trabalho. Visualize-se nesse emprego, no ambiente, veja seus colegas e sinta o que seria trabalhar em uma atividade completamente gratificante, ganhando um ótimo salário. Mantenha essa visão em sua mente e saiba que ela já foi realizada na sua consciência.

As afirmações na lista de verificação no início deste capítulo estão repetidas abaixo, junto com uma afirmação correspondente a cada crença. Faça com que se tornem parte da sua rotina diária. Repita-as várias vezes no carro, no trabalho, olhando para o espelho ou sempre que suas crenças negativas estiverem emergindo.

Odeio meu trabalho.
Gosto do trabalho que faço e dos meus colegas.

Meu trabalho é muito estressante.
Estou sempre à vontade no meu trabalho.

Ninguém me valoriza no lugar onde trabalho.
Meu trabalho é reconhecido por todos.

Meu chefe é grosso e me maltrata.
Todos os meus superiores me tratam com amor e respeito.

Todos esperam demais de mim.
Sou capaz, competente e estou no lugar perfeito para mim.

Meus colegas de trabalho me deixam maluco.
Eu vejo o que há de melhor nos outros e eles reagem de acordo.

Não existe criatividade no meu trabalho.
Meus pensamentos criam novas e excelentes oportunidades.

Nunca serei bem-sucedido.
Tudo o que toco se transforma em sucesso.

Meu emprego não me oferece oportunidades para progredir.
Novas portas estão sempre se abrindo.

Não recebo um bom salário.
Estou aberto e receptivo para novas fontes de renda.

"Eu me dou permissão para ser realizado de forma criativa."

Tratamento para o trabalho

Eu sou uno com o poder da Vida. Tudo o que existe na Vida me ama e me apoia. Por isso, exijo a mais criativa autoexpressão possível. Meu local de trabalho é profundamente gratificante para mim. Sou amado, valorizado e respeitado. Não sou como meus pais e não preciso copiar seus modelos de profissionais. Eu sou um ser único e escolho trabalhos que me dão prazer e ótima remuneração. Agora, o trabalho é uma alegria para mim. Essa é a verdade do meu ser e eu a aceito e agradeço. Tudo está bem na minha vida profissional.

CAPÍTULO 9

Afirmações para dinheiro e prosperidade

"A prosperidade infinita também é minha. Sou abençoado."

Lista de verificação para dinheiro e prosperidade

Marque as declarações abaixo que se aplicam a você. No final do capítulo, você poderá contrariar esses pensamentos negativos com afirmações positivas.

- ❑ Não consigo economizar dinheiro.
- ❑ Não ganho o suficiente.
- ❑ Meu crédito é ruim.
- ❑ O dinheiro escorrega por entre os meus dedos.
- ❑ Tudo é tão caro!
- ❑ Por que as outras pessoas sempre têm dinheiro?

- ❏ Não consigo pagar minhas contas.
- ❏ Estou a um passo da falência.
- ❏ Sou incapaz de economizar para a minha aposentadoria.
- ❏ Não consigo deixar de pensar em dinheiro.

Quais são suas crenças sobre dinheiro? Você acredita que existe o suficiente para todos? Você acredita que seu valor depende dele? Você acredita que o dinheiro realizará seus sonhos e ambições? Você é amiga do dinheiro ou o vê como um inimigo?

Ter mais dinheiro não é suficiente. O que precisamos aprender é como *merecer* e *desfrutar* o dinheiro que possuímos.

Ter muito dinheiro não é garantia de prosperidade. Pessoas com muito dinheiro podem continuar afundadas na consciência de pobreza. Às vezes elas têm mais medo de ficar sem dinheiro do que a pessoa que mora na rua. Falta-lhes a capacidade de aproveitar o seu dinheiro e viver em um mundo de abundância. Sócrates, o grande filósofo grego, disse uma vez: "O contentamento é uma riqueza natural; o luxo é uma pobreza artificial."

Como já disse em inúmeras ocasiões, a percepção de prosperidade não depende do dinheiro. É seu fluxo de dinheiro que depende da sua consciência de prosperidade.

Nossa procura por dinheiro *precisa* contribuir para a qualidade de nossa vida. Se não for assim, ou seja, se detestamos o que fazemos para conseguir dinheiro, ele será inútil. A prosperidade está ligada à *qualidade* de nossa vida e também com qualquer quantia de dinheiro que possuímos.

A prosperidade não é definida apenas pela quantidade de dinheiro. Ela abrange o tempo, amor, sucesso, alegria, conforto, beleza e sabedoria. Por exemplo, você pode ser pobre no que diz respeito ao tempo. Se está sempre apressado, pressionado e afobado, seu tempo está atolado na pobreza. Mas se acredita que possui todo o tempo necessário para terminar uma determinada tarefa e tem confiança de que poderá atender qualquer prazo e finalizar suas obrigações profissionais, é uma pessoa próspera no aspecto tempo.

E o sucesso? Você pensa que ele está fora do seu alcance e é totalmente inatingível? Ou sente que pode alcançar o sucesso com seus próprios esforços? Se é assim que pensa, você é rico no que diz respeito ao sucesso.

Saiba que quaisquer que sejam suas crenças, elas podem ser modificadas *agora mesmo*! O Poder que o criou deu a *você* o poder de criar suas próprias experiências. Você pode mudar para melhor!

EXERCÍCIO NO ESPELHO

Fique de pé, abra bem os braços e diga: "*Estou aberto e receptivo a tudo que é bom!*" Como está se sentido agora?

Agora, olhe para o espelho e repita a afirmação com sentimento.

Que tipo de emoções sentiu? Foi uma sensação de liberdade, não é?

Faça esse exercício todas as manhãs, porque ele é um gesto poderoso que vai aumentar sua consciência de prosperidade e trazer o bem à sua vida.

EXERCÍCIO: Seus sentimentos sobre o dinheiro

Examinemos suas sensações de autovalorização nessa área. Responda as seguintes perguntas o mais sinceramente possível:

1. Volte para a frente do espelho. Olhe bem nos seus olhos e diga: "Meu maior temor sobre o dinheiro é _____." Escreva a resposta e explique por que se sente assim.
2. O que você aprendeu sobre dinheiro quando era criança?

3. Seus pais viveram numa época de grande crise econômica? Quais eram seus pensamentos sobre dinheiro?
4. Como sua família lidava com questões de dinheiro?
5. Como você lida com o dinheiro agora?
6. O que você gostaria de mudar na sua consciência sobre dinheiro?

EXERCÍCIO: Sua consciência sobre o dinheiro

Examinemos mais profundamente seus sentimentos de autovalorização no aspecto dinheiro. Responda as seguintes perguntas o mais honestamente possível. Depois de cada crença negativa, crie uma afirmação positiva no tempo presente para substituí-la.

1. Eu me sinto merecedor de ter dinheiro e desfrutar dele?
   Exemplo de resposta: *Na verdade, não. Tento me livrar do dinheiro assim que o recebo.*
   Exemplo de afirmação: *Eu abençoo o dinheiro que possuo. É seguro economizar dinheiro e deixá-lo trabalhar para mim.*

2. Qual é o meu maior temor no que se refere ao dinheiro?

   Exemplo de resposta: *Tenho medo de nunca ter o suficiente.*

   Exemplo de afirmação: *Eu agora aceito a abundância ilimitada de um Universo sem limites.*

3. Qual é a "vantagem" que consigo com essa crença?

   Exemplo de resposta: *Como continuo pobre, outras pessoas se veem na obrigação de me sustentar.*

   Exemplo de afirmação: *Eu exijo o poder que é só meu e amorosamente crio minha própria realidade. Confio no processo da vida.*

4. O que temo que possa acontecer se eu abandonar essa crença?

   Exemplo de resposta: *Ninguém vai me amar ou cuidar de mim.*

   Exemplo de afirmação: *Estou seguro no Universo e toda a vida me ama e me sustenta.*

EXERCÍCIO: Como você usa o dinheiro

Escreva três dos motivos que o fazem acreditar que não sabe lidar com o dinheiro. Talvez esteja constantemente endividado, não consegue economizar ou não sabe aproveitar o dinheiro que possui.

Pense em um exemplo para cada uma dessas circunstâncias em que você *não* tenha agido com o comportamento indesejado.

Exemplo:

Eu me critico por: *gastar dinheiro compulsivamente e estar constantemente endividado. Não consigo controlar meus gastos.*

Eu me elogio por: *ter pagado meu aluguel hoje. É o primeiro dia do mês e estou obedecendo fielmente o meu contrato.*

Visualizações

Ponha a mão sobre o coração, faça algumas respirações profundas e relaxe. Veja-se repetindo a pior cena que já viveu por causa de dinheiro. Talvez tenha sido cobrado por uma dívida que não conseguiu pagar, comprado algo que estava além de suas posses ou tenha pedido falência. Visualize-se nesse cenário – *ame a pessoa que você era.* Conscientize-se de que estava fazendo o melhor possível com o conhecimento, compreensão e capacidade que tinha na época. *Ame essa pessoa.* Veja-se vivendo a cena que poderia causar-lhe um grande constrangimento e *ame essa pessoa.*

Como seria possuir todas as coisas que sempre desejou? O que teria? Aonde iria? O que faria? Sinta o que está respondendo. Desfrute. Seja criativo e *divirta-se.*

As afirmações da lista de verificação no início do capítulo estão repetidas abaixo, junto com a afirmação correspondente a cada crença. Faça com que elas se tornem parte da sua rotina diária. Repita-as muitas vezes no carro, no trabalho, olhando para o espelho ou sempre que sentir as crenças negativas emergindo.

Não consigo economizar dinheiro.
Sou digno de ter dinheiro no banco.

Não ganho o suficiente.
Minha renda aumenta constantemente.

Meu crédito é ruim.
Meu crédito melhora a cada dia.

O dinheiro escorrega por entre os meus dedos.
Gasto dinheiro com sabedoria.

Tudo é tão caro!
Tenho sempre o necessário.

Por que as outras pessoas sempre têm dinheiro?
Tenho o dinheiro que consigo aceitar.

Não consigo pagar minhas contas.
Abençoo minhas contas com amor. Pago todas em dia.

Estou a um passo da falência.
Sempre tenho condições de pagar as minhas dívidas.

Sou incapaz de economizar para a minha aposentadoria.
Estou economizando alegremente para minha aposentadoria.

Não consigo deixar de pensar em dinheiro.
Eu tenho prazer em economizar e gasto equilibradamente.

"Eu me dou permissão para prosperar."

Tratamento para dinheiro e prosperidade

Eu sou uno com o poder da Vida. Tudo o que existe na Vida me ama e apoia. Portanto, exijo uma grande parcela da prosperidade do Universo. Tenho abundância de tempo, amor, alegria, conforto, beleza, sabedoria, sucesso e dinheiro. Não sou como meus pais nem tenho o seu modo de tratar de questões financeiras. Sou uma pessoa única e escolho ser aberto e receptivo para a prosperidade em todas as suas formas. Sou profundamente grato à Vida e a sua generosidade comigo. Minha renda está sempre aumentando e eu continuarei prosperando pelo resto da minha existência. Essa é a verdade do meu ser e eu a aceito como tal. Tudo está bem no meu mundo próspero.

CAPÍTULO 10

Afirmações para amizade

"Sou amigo de mim mesmo."

Lista de verificação para amizades

Marque as declarações abaixo que acredita serem adaptáveis a você. No final do capítulo, você poderá contrariar esses pensamentos negativos com afirmações positivas.

- ❏ Meus amigos não me apoiam.
- ❏ Todos têm mania de julgar os outros.
- ❏ Ninguém concorda com meu modo de pensar.
- ❏ Meus limites não são respeitados.
- ❏ Não consigo fazer amizades duradouras.
- ❏ Não consigo deixar meus amigos me conhecerem de verdade.
- ❏ Dou conselhos aos meus amigos pensando no seu próprio bem.

- [ ] Eu não sei como ser um amigo.
- [ ] Não sei pedir ajuda aos meus amigos.
- [ ] Não consigo dizer não a um amigo.

As amizades podem ser nossos relacionamentos mais importantes e duradouros. Podemos viver sem amantes ou cônjuges. Podemos viver sem nosso núcleo familiar. No entanto, a maioria de nós não consegue ter felicidade sem a presença de amigos. Creio que escolhemos nossos pais antes de nascermos neste planeta, mas, sem dúvida, escolhemos nossos amigos em um nível mais consciente.

Ralph Waldo Emerson, o grande filósofo e escritor americano, escreveu um ensaio sobre a amizade, chamando-a de "néctar de Deus". Explicou que nos relacionamentos amorosos uma pessoa está sempre tentando modificar seu parceiro, mas amigos podem se manter mais afastados e olharem-se uns aos outros com apreço e respeito.

Os amigos podem ser uma extensão ou substitutos da família. A maioria dos indivíduos sente uma grande necessidade de compartilhar suas experiências com outras pessoas. Quando fazemos amizades, não só aprendemos sobre os outros, mas também aprendemos mais sobre nós mesmos. Esses relacionamentos são espelhos de nossa autovalorização e autoestima. Eles nos oferecem a perfeita oportunidade para olharmos para nós mesmos e vermos as áreas onde talvez precisemos evoluir.

Quando os laços entre amigos ficam tensos, é hora de olharmos para as mensagens negativas de nossa infância. Talvez estejamos precisando de uma faxina mental. Limpar a casa mental depois de uma vida inteira de mensagens negativas é algo parecido com começar um programa de alimentação saudável depois de anos e anos de comidas inadequadas. No início da dieta, seu corpo vai se livrar dos resíduos tóxicos e você poderá se sentir mal por um ou dois dias.

O mesmo acontece quando você decide modificar seus padrões mentais. Suas circunstâncias podem piorar por algum tempo, mas lembre-se – você talvez precise cavar através de muitas ervas daninhas ressecadas para chegar ao solo fértil escondido por elas. Mas, tenha certeza, você conseguirá! Eu sei que conseguirá!

EXERCÍCIO: Suas amizades

Escreva a seguinte formação três vezes e depois responda as perguntas:

"Estou disposto a eliminar do meu interior qualquer modelo de comportamento que cria amizades complicadas."

1. Como eram suas amizades na infância?
2. Suas amizades atuais seguem esse mesmo modelo?
3. O que você aprendeu sobre amizade com seus pais?
4. Que tipo de amigos seus pais tinham?
5. Que tipo de amigos você gostaria de ter no futuro? Seja específico.

EXERCÍCIO: Amizades e autovalorização

Examinemos sua autovalorização na área das amizades. Responda cada uma das perguntas abaixo. Depois escreva uma afirmação positiva (no presente) para substituir a antiga crença.

1. Eu me sinto digno de ter bons amigos?
   Exemplo de resposta: *Não. Por que alguém desejaria ficar perto de mim?*
   Exemplo de afirmação: *Eu me amo e me aceito, e sou um verdadeiro ímã para boas amizades.*

2. O que mais me assusta na possibilidade de ter amigos íntimos?

Exemplo de resposta: *Tenho medo de traição. Não consigo confiar em ninguém.*
Exemplo de afirmação: *Eu confio em mim mesmo, confio na vida e confio nos meus amigos.*

3. Que "vantagem" consigo com essa crença?
Exemplo de resposta: *Posso ver o defeito dos outros. Espero meus amigos cometerem um deslize para lhes mostrar que estão errados.*
Exemplo de afirmação: *Todos os meus amigos são bem-sucedidos. Sou um amigo fiel e incentivador.*

4. O que temo que acontecerá se eu abandonar essa crença?
Exemplo de resposta: *Perderei o controle da situação. Eu teria que permitir que as pessoas me conhecessem a fundo.*
Exemplo de afirmação: *É fácil amar os outros quando eu me amo e me aceito.*

Se todos nós formos responsáveis pelos acontecimentos de nossa vida, não há ninguém para culpar. Seja o que for que esteja acontecendo "lá fora", não passa de uma reflexão do nosso próprio modo de pensar.

EXERCÍCIO: Pensando nos seus amigos

Pense em três acontecimentos em sua vida em que você tenha se sentido maltratado pelos seus amigos. Talvez um deles tenha traído a sua confiança ou o abandonado numa hora de necessidade. Essa pessoa também pode ter interferido com um cônjuge ou parceiro.

Em cada caso, descreva o acontecido e escreva os pensamentos que teve na ocasião.

Exemplo de acontecimento: *Quando eu tinha 16 anos, Susie, minha melhor amiga, traiu minha confiança e começou a espalhar boatos muito feios sobre mim. Quando tentei confrontá-la, ela negou, mas não acreditei. Fiquei sem amigos durante todo o resto do ano letivo.*

Exemplo de pensamento: *Eu não merecia ter amigos. Fui atraída por Susie porque ela era fria e vivia julgando todo mundo. Eu estava acostumada a ser criticada.*

EXERCÍCIO: O apoio dos seus amigos

Agora, pense em três ocasiões em sua vida em que recebeu o apoio dos seus amigos. Algum deles pode ter lhe dado dinheiro quando mais precisava ou o defendeu contra alguém. Talvez essa pessoa o tenha ajudado a resolver uma situação difícil.

Em cada caso, descreva o acontecimento e anote os pensamentos que teve na época.

Exemplo de acontecimento: *Sempre vou me lembrar de Helen. Quando eu estava no meu primeiro emprego, houve uma reunião de pessoal e todos começaram a caçoar de mim quando falei uma besteira. Helen me defendeu. Ajudou-me a sair do meu constrangimento e salvou meu emprego.*

Meus pensamentos mais profundos foram: *Mesmo que eu cometa um erro, alguém sempre virá em meu socorro. Eu mereço receber apoio. As mulheres me defendem.*

Visualizações

Pense nos amigos que devem receber um agradecimento. Traga-os à sua mente e olhe-os nos olhos, dizendo a cada um: "Eu o agradeço e abençoo com amor por ter ficado ao meu lado quando precisei. Que sua vida seja plena de alegria."

Quais amigos você precisa perdoar? Reserve um instante para visualizá-los. Olhe-os nos olhos e diga a cada um: "Eu o perdoo por não ter agido do modo que eu desejava. Eu o perdoo e liberto."

As declarações na lista de verificação do início deste capítulo estão repetidas abaixo, junto com uma afirmação positiva correspondente a cada crença. Faça com que elas se tornem parte da sua rotina diária. Repita-as muitas vezes no carro, no trabalho, diante do espelho ou em qualquer momento que você perceber as crenças negativas emergindo.

Meus amigos não me apoiam.
Meus amigos são carinhosos e me dão grande apoio.

Todos têm mania de julgar os outros.
À medida que me liberto de toda a crítica, pessoas com mania de julgar as outras vão desaparecendo da minha vida.

Ninguém concorda com meu modo de pensar.
Estou aberto e receptivo a todos os pontos de vista.

Meus limites não são respeitados.
Eu respeito os outros e eles me respeitam.

Não consigo fazer amizades duradouras.

Meu amor e aceitação pelos outros criam amizades duradouras.

Não consigo deixar meus amigos me conhecerem de verdade.

É seguro para mim ser uma pessoa aberta.

Dou conselhos aos meus amigos, pensando no seu próprio bem.

Deixo meus amigos em paz. Temos total liberdade para sermos como somos.

Eu não sei como ser um amigo.

Confio na minha sabedoria interior para me guiar.

Não sei pedir ajuda aos meus amigos.

É seguro pedir o que quero e preciso.

Não consigo dizer não a um amigo.

Vou além das limitações e me expresso com honestidade.

"Dou-me permissão para ser um amigo."

Tratamento para amizades

Eu sou uno com o poder da Vida. Tudo o que existe na Vida me ama e me apoia. Por isso, exijo para mim um círculo de amigos alegres e afetuosos. Nós nos divertimos muito tanto sozinhos quanto em grupo. Não sou como meus pais nem seus relacionamentos. Sou uma pessoa única e escolho permitir que apenas pessoas que me apoiam e que são amáveis entrem em minha vida. Em todos os lugares que vou sou recebido com carinho e simpatia. Eu mereço os melhores amigos, e deixo minha vida se encher de amor e alegria. Essa é a verdade do meu ser e eu a aceito. Tudo está bem no mundo das minhas amizades.

CAPÍTULO 11

Afirmações para amor e intimidade

"O amor me envolve por completo. Sou amoroso, amado e digno de amor."

Lista de verificação para amor e intimidade

Marque as declarações abaixo que são apropriadas para você. No final do capítulo, você conseguirá contrariar esses pensamentos negativos com afirmações positivas.

- ❑ Tenho medo de ser rejeitado.
- ❑ O amor nunca é duradouro.
- ❑ Eu me sinto preso.
- ❑ O amor me assusta.
- ❑ Tenho que fazer tudo do jeito que *eles* querem.

- [ ] Se eu for autossuficiente serei abandonado.
- [ ] Sou ciumento.
- [ ] Não posso ser eu mesmo.
- [ ] Não sou bom o bastante.
- [ ] Não quero um casamento igual ao dos meus pais.
- [ ] Não sei amar.
- [ ] Vou me magoar.
- [ ] Não consigo dizer não a alguém que me ama.
- [ ] Todos me abandonam.

Como você vivenciou o amor quando criança? Observou seus pais expressando amor e afeto? Você foi criado com muitos abraços? Ou, em sua família o amor era expresso através de brigas, gritos, choro, bateção de portas, manipulação, controle, silêncio ou vingança? Se isso acontecia, você tem maiores probabilidades de procurar experiências similares na idade adulta. Encontrará pessoas que reforçarão essas ideias. E mais, se quando criança você procurava amor e recebia sofrimento, na idade adulta você encontrará sofrimento em vez de amor... A não ser que se livre dos velhos modelos de sua família.

EXERCÍCIO: Seus sentimentos sobre o amor

Responda as seguintes perguntas da forma mais sincera possível.

1. Quanto tempo durou seu último relacionamento amoroso?
2. E o anterior a esse?
3. Pense nos seus dois últimos relacionamentos amorosos. Qual eram os principais problemas entre vocês?
4. Como esses relacionamentos o faziam lembrar do seu relacionamento com seu pai ou sua mãe?

É possível que todos os seus relacionamentos tenham terminado em abandono. Nesse caso, sua necessidade interior de ser abandonado pode ter origem em um divórcio, uma morte na família ou o afastamento do seu pai ou mãe por você não ser como eles queriam.

Para mudar esse modelo, você precisa perdoar seus genitores *e* também compreender que não precisa repetir esse comportamento. Libertando-os, você se liberta.

Para cada modelo ou hábito arraigado que repetimos sem cessar, existe dentro de nós *uma necessidade* dessa repetição. Essa necessidade corresponde a uma crença que abrigamos em nosso interior. Se não houvesse essa necessidade, não seríamos obrigados a ter, fazer ou ser alguma coisa. Criticar e acusar a nós mesmos não eliminará o modelo. Criticar a si mesmo não quebra o padrão. Só a libertação dessa necessidade é capaz disso.

Exercício no espelho

Diante do espelho, respire fundo, olhe bem nos seus olhos e diga: "Estou disposto a deixar ir a necessidade de relacionamentos que não me trazem alegria e apoio." Repita cinco vezes. A cada vez que disser, fale com mais emoção. Pense em alguns dos seus relacionamentos enquanto fala.

EXERCÍCIO: Seus relacionamentos

Responda as seguintes perguntas com a maior sinceridade possível:

1. O que você aprendeu sobre o amor quando era criança?
2. Em alguma ocasião você teve um chefe que era "igualzinho" ao seu pai ou sua mãe? Como?
3. Seu parceiro ou cônjuge é parecido com sua mãe ou seu pai? Como?
4. O que ou a quem você teria que perdoar para modificar esse padrão de comportamento?
5. Com base na sua nova compreensão, como gostaria que fosse seu relacionamento?

Seus antigos pensamentos e crenças continuam a formar suas experiências até que você se liberte deles. Seus pensamentos futuros ainda não foram formados e você não sabe como serão. Seu pensamento atual, o que está pensando neste instante, está totalmente sob o seu controle.

Nós somos as únicas criaturas com capacidade de controlar nossos pensamentos. Às vezes remoemos um pensamento por tanto tempo que não parece que fomos nós mesmos que o escolhemos. Mas a escolha inicial foi nossa. No entanto, *temos o poder* de nos recusar a ter certos pensamentos. Quantas vezes você se recusou a ter um pensamento *positivo* sobre você mesmo? Bem, você também pode se recusar a ter um pensamento *negativo* sobre você. É uma questão de prática.

EXERCÍCIO: Amor e intimidade

Examinemos algumas crenças. Responda as perguntas abaixo e escreva uma afirmação positiva (no presente) para substituir a antiga crença.

1. Eu me sinto merecedor de um relacionamento?
    Exemplo de resposta: *Não. Qualquer um fugiria correndo se me conhecesse a fundo.*

Exemplo de afirmação: *Eu sou merecedor de amor e digno de ser conhecido a fundo.*

2. Tenho medo de amar?
   Exemplo de resposta: *Sim. Meu medo é ter um parceiro infiel.*
   Exemplo de afirmação: *Sou sempre seguro no amor.*

3. O que estou "ganhando" com essa crença?
   Exemplo de resposta: *Não deixo o romance entrar em minha vida.*
   Exemplo de afirmação: *É seguro abrir meu coração para o amor entrar.*

4. O que tenho medo que aconteça caso eu abandone essa crença?
   Exemplo de resposta: *Alguém vai se aproveitar de mim e me magoar profundamente.*
   Exemplo de afirmação: *É seguro dividir o meu mais profundo ser com outras pessoas.*

As declarações na lista de verificação no início deste capítulo estão repetidas abaixo, junto com a afirmação

correspondente a cada crença. Faça com que essas afirmações se tornem uma rotina diária. Repita-as muitas vezes
no carro, no trabalho, diante do espelho ou a qualquer
momento que sentir suas crenças negativas emergindo.

Tenho medo de ser rejeitado.
Eu me amo e me aceito, e estou seguro.

O amor nunca é duradouro.
O amor é eterno.

Eu me sinto preso.
O amor me liberta.

O amor me assusta.
É seguro me apaixonar.

Tenho que fazer tudo do jeito que *eles* querem.
Somos sempre parceiros com direitos iguais.

Se eu for autossuficiente serei abandonado.
Cada um cuida de si mesmo e do outro.

Sou ciumento.
*Ciúme é insegurança. Eu agora desenvolvo minha au-
toestima.*

Não posso ser eu mesmo.
As pessoas me amam quando sou sincero.

Não sou bom o bastante.
Sou digno de ser amado.

Não quero um casamento igual ao dos meus pais.
Não sou meus pais. Vou muito além dos seus modelos.

Não sei amar.
Amar a mim mesmo e a outras pessoas fica mais fácil a cada dia.

Vou me magoar.
Quanto mais me abro ao amor, mais seguro eu fico.

Não consigo dizer não a alguém que me ama.
Eu e minha parceira respeitamos nossas decisões.

Todos me abandonam.
Eu agora crio um relacionamento de amor duradouro.

"*Eu me dou permissão para vivenciar o amor.*"

Tratamento para o amor e intimidade

Eu sou uno com o poder da Vida. Tudo o que existe na Vida me ama e me apoia. Por isso, exijo amor e intimidade no meu mundo. Sou digno de ser amado. Não sou como meus pais nem tenho seus padrões de relacionamento. Sou uma pessoa única e escolho criar e manter uma relação amorosa e duradoura, capaz de nos dar força e apoio de todas as maneiras. Temos grande compatibilidade e ritmos similares. Trazemos para fora o melhor que existe em nós dois. Somos românticos e grandes amigos. Eu me alegro com esse relacionamento duradouro. Essa é a verdade do meu ser e eu a aceito com prazer. Tudo está bem no meu mundo amoroso.

CAPÍTULO 12

Afirmações para o envelhecimento

"Sou belo e capacitado em qualquer idade."

Lista de verificação para o envelhecimento

Marque as declarações abaixo que se aplicam a você. No final do capítulo, você poderá contrariar esses pensamentos negativos com afirmações positivas.

- ❏ Tenho medo de envelhecer.
- ❏ Morro de medo de ficar gorda e enrugada.
- ❏ Não quero terminar meus dias numa casa de repouso.
- ❏ Ser velho significa ser feio e indesejado.
- ❏ Ser velho é ser doente.
- ❏ Ninguém quer ficar perto dos velhos.

Seja qual for a nossa idade atual, todos nós vamos envelhecer. No entanto, temos o poder de exercer um grande controle sobre o *modo* como envelhecemos.

Quais são as coisas que nos fazem envelhecer? Para começar, certas crenças sobre o envelhecimento, como a que iguala envelhecimento a doença. Odiar o corpo. Acreditar na falta de tempo. Raiva e ódio. Ódio por si próprio. Amargura. Culpa e vergonha. Medo. Preconceito. Pretensão. Julgar os outros. Carregar fardos espirituais. Desistir do controle pessoal em favor de outros. Todas essas crenças nos envelhecem.

O que você acredita a respeito do envelhecimento? Olha para os frágeis e idosos e acha que ficará igual a eles? Você vê pobreza entre os idosos e imagina que esse também é seu destino? Nota a solidão em que muitos idosos vivem e acha que um dia poderá estar na mesma situação?

Não temos que aceitar esses conceitos negativos. Podemos modificar tudo isso porque ninguém precisa seguir um modelo habitual. Podemos retomar nosso poder.

A vitalidade e a energia são muito mais importantes do que algumas rugas, mas mesmo assim acreditamos que não seremos aceitos pela sociedade se não formos jovens e belos. Por que concordar com uma crença tão absurda? Quando foi que perdemos o amor e a compaixão por nós mesmos e pelos outros? Transformamos a vida dentro do nosso corpo em uma experiência desagradável. Diariamente olhamos no espelho para tentar descobrir algo de errado em nós e nos preocupamos com cada pequena ruga. Porém, essa atitude só serve para nos fazer mal e criar mais rugas. Isso não é amor-próprio. É ódio de si mesmo e só contribui para aumentar a falta de autoestima.

O que estamos ensinando às nossas crianças sobre o envelhecimento? Qual é o exemplo que você está dando a elas? Elas o veem como uma pessoa dinâmica, amorosa, que aproveita cada dia e contempla o futuro com alegria? Ou você é uma pessoa amarga, assustada, que teme a passagem dos anos e espera ficar doente e sozinha? *Atenção, nossos filhos aprendem conosco!* Nossos netos também. Que tipo de velhice queremos que eles visualizem e criem?

Antigamente os humanos tinham vidas muito curtas – de início, mal conseguíamos viver depois da adolescência, depois íamos até os 20, depois até os 30 e depois até os 40. No começo do século XX, quem completasse 50 anos era considerado velho. Em 1900, a expectativa de vida nos Estados Unidos era de 47 anos. Atualmente ela está por volta dos 80 anos. Por que não damos um salto quântico em nossa consciência e fazemos o novo nível de expectativa ser de 120 ou 150 anos?

Isso não está fora do nosso alcance. Atualmente vejo que viver mais está se tornando normal e natural para a maioria de nós. Costumávamos falar que 45 anos era o início da meia-idade, mas esse número não vale mais. Para mim, a nova meia-idade começa aos 75 anos (eu estou com 84). Por muitas gerações permitimos que os números que indicam há quanto tempo estamos neste planeta ditassem como devemos nos sentir e comportar. No entanto, como acontece com qualquer aspecto da vida, o que aceitamos e acreditamos sobre o envelhecimento torna-se verdade para nós. Ora, já é mais do que tempo de mudar nossas crenças sobre isso! Quando olho à minha volta e vejo idosos frágeis, doentes e assustados, digo firmemente a mim mesma: "Não tem que ser assim." É a pura verdade e muitas pessoas aprenderam que, mudando nosso modo de pensar, podemos mudar a nossa vida.

Eu sei que é possível modificar nossas crenças sobre envelhecimento e fazer do processo de envelhecimento uma experiência positiva, saudável e vibrante.

Precisamos mudar nosso sistema de crenças, mas, para isso, precisamos *sair da mentalidade de vítima.* Enquanto nos virmos como indivíduos infelizes e impotentes; enquanto ficarmos dependendo do governo, achando que é ele que terá de dar *um jeito nas coisas* em nosso benefício, jamais progrediremos como grupo. Porém, quando nos reunirmos para buscar e analisar soluções criativas para o futuro, estaremos exercendo nosso verdadeiro poder e conseguiremos modificar nossa nação e o mundo para melhor.

Chegou a hora dos nossos idosos reconquistarem seu poder há muito tomado pelas indústrias médicas e farmacêuticas, que lhes impõem a medicina de alta tecnologia, submetendo-os a exames caríssimos e até prejudiciais à sua saúde. Os idosos, especialmente, e todos os indivíduos, precisam aprender a assumir o controle sobre a própria saúde. Precisamos aprender sobre a conexão mente-corpo – saber que o que fazemos, falamos e pensamos contribui tanto para criar a doença como para a saúde vibrante.

EXERCÍCIO: Suas crenças sobre o envelhecimento

Responda as seguintes perguntas com total sinceridade.

1. Como seus pais estão envelhecendo? (Ou, no caso deles serem falecidos, como *eles* envelheceram?)
2. Que idade você sente ter?

3. O que está fazendo para ajudar a sociedade, o país ou o planeta?
4. Como você cria amor em sua vida?
5. Quem são seus modelos de comportamento positivo?
6. O que você está ensinando aos seus filhos sobre o envelhecimento?
7. O que está fazendo *hoje* na intenção de ter uma velhice saudável, feliz e jovial?
8. Qual é sua opinião sobre os idosos? Como você costuma tratá-los?
9. Como imagina que será sua vida quando você tiver 60, 75, 85 anos?
10. Como quer ser tratado quando ficar mais velho?
11. Como você quer morrer?

Agora, volte ao início e transforme cada resposta negativa em uma afirmação positiva. Visualize seus últimos anos de vida como os mais ricos de toda sua existência.

Há um pote de ouro no final desse arco-íris. Sabemos que os tesouros estão lá. Os anos mais avançados da nossa vida devem ser os anos dos nosso maiores tesouros. Podemos aprender a fazer deles os melhores anos das nossas vidas. Aprendemos esses segredos numa fase final da vida, e devemos compartilhá-los com as gerações que estão por vir. Tenho plena certeza de que o que chamo de rejuvenescimento é realizável, é só uma questão de descobrir como.

Aqui estão, em minha opinião, alguns dos segredos do rejuvenescimento:

- Elimine a palavra *velho* do seu vocabulário.
- Em vez de *envelhecer,* use o termo "viver mais tempo".
- Esteja disposto a aceitar novas ideias e conceitos.
- Dê um salto quântico na sua maneira de pensar.
- Modifique suas crenças.
- Rejeite qualquer tipo de manipulação.
- Mude o que consideramos "normal".
- Transforme a doença em saúde vibrante.
- Trate bem o seu corpo.
- Livre-se das crenças limitantes.
- Esteja sempre disposto a adaptar seu pensamento.
- Aceite novas ideias.
- Aceite a verdade sobre si próprio.
- Faça trabalho voluntário em sua comunidade.

Quero que você crie um ideal consciente dos seus anos de maturidade como sendo a fase mais gratificante de sua vida. Precisamos saber que nosso futuro é sempre brilhante, seja qual for a nossa idade, desde que modifiquemos nossos pensamentos. É hora de apagar as imagens assustadoras da velhice. É hora de mudar completamente nosso modo de pensar sobre ela. Precisamos eliminar a palavra *velho* do nosso dicionário e nos tornamos cidadãos de um país onde os que vivem muito mantêm sua jovialidade e onde a expectativa de vida não tem relação com um número predeterminado. Nós queremos ver nossos *anos avançados* se tornarem nossos *anos dourados*.

As declarações na lista de verificação do início do capítulo estão repetidas abaixo, junto com a afirmação correspondente a cada crença. Faça essas afirmações se tornarem parte da sua rotina diária. Repita-as muitas vezes no carro, no trabalho, diante do espelho ou em qualquer momento que sentir as crenças negativas emergindo.

Tenho medo de envelhecer.
Estou livre de todos os temores relacionados a idade.

Morro de medo de ficar gorda e enrugada.
Sou bela tanto na mente quanto no corpo.

Não quero terminar meus dias numa casa de repouso.
Sou forte e autossuficiente.

Ser velho significa ser feio e indesejado.
Eu amo todos que estão no meu mundo e sou amado por eles.

Ser velho é ser doente.
Seja qual for a minha idade, tenho uma saúde vibrante.

Ninguém quer ficar perto dos velhos.
As pessoas me valorizam independentemente da minha idade.

"Ao longo da minha vida, sempre estarei cercado por pessoas maravilhosas."

Tratamento para um envelhecimento saudável

Eu sou uno com o poder da Vida. Tudo o que existe na Vida me ama e me apoia. Por isso, exijo paz de espíri-

to e alegria em todas as etapas de minha vida. Cada dia que passa é novo e diferente, e traz seus próprios prazeres. Participo ativamente deste mundo e tenho um desejo intenso de aprender coisas novas. Cuido do meu corpo com o maior carinho. Escolho pensamentos que me trazem felicidade. Tenho uma forte conexão espiritual que me sustenta em todas as ocasiões. Não sou como meus pais e não sou obrigado a envelhecer e morrer como eles. Sou um ser único e escolho ter uma vida gratificante até meu último dia neste planeta. Estou em paz com o mundo e amo tudo o que existe na Vida. Essa é a verdade do meu ser e eu a aceito. Tudo está bem na minha vida.

Algumas reflexões finais

Já exploramos a utilização de afirmações em diversas áreas da vida. Os capítulos anteriores são apenas diretrizes para mostrar-lhe as muitas maneiras possíveis de criar afirmações positivas.

Coloque diferentes afirmações em diferentes partes de sua casa. Você pode ter uma afirmação no escritório para assuntos de trabalho. Se não quer que os outros vejam, coloque-a na gaveta de sua mesa de modo que apenas você tenha acesso a ela.

Uma afirmação para uma condução segura e pacífica pode ficar no painel do seu carro. (Dica: se você está sempre xingando os outros motoristas, todos os "maus" motoristas serão automaticamente atraídos para você. Eles estarão simplesmente respondendo às suas afirmações.)

Xingar é uma afirmação, preocupar-se é uma afirmação e odiar é uma afirmação. Todas elas atraem para você aquilo que está afirmando. Valorização, amor, gratidão e elogios também são afirmações e também vão atrair para você aquilo que está afirmando.

Este livro pode colocá-lo agora no caminho positivo para uma vida maravilhosa. No entanto, você deve usá-lo. Palavras em um livro não farão nada para melhorar a qualidade de sua vida.

Assim como não importa onde você começa a limpar a casa, também não importa qual área de sua vida você começa a mudar. É melhor começar com algo simples, pois você vai obter resultados rapidamente e, dessa forma, vai desenvolver a confiança necessária para enfrentar as grandes questões.

Eu sei que você consegue. Você vai ficar tão feliz com as mudanças positivas que acontecerão na sua vida. Esse será o início de um novo você!

Este livro foi impresso no
Sistema Digital Instant Duplex da Divisão Gráfica da
DISTRIBUIDORA RECORD DE SERVIÇOS DE IMPRENSA S.A.
Rua Argentina, 171 - Rio de Janeiro/RJ - Tel.: (21) 2585-2000